世界へDANCE!

Travis Japan

―素顔のトラジャ―

西村芽愛莉

太陽出版

プロローグ

10月28日、世界配信の『JUST DANCE!』で念願のデビューを果たしたTravis Japan。リーダーの宮近海斗以下、中村海人、七五三掛龍也、川島如恵留、吉澤閑也、松田元太、松倉海斗の7名は、Snow Manが切り開いた〝世界レベルのダンスパフォーマンス〟グループとして華々しい脚光を浴びる「はず」だった。

「ジャニーズJr.時代のTravis Japanは、ジャニーズJr.が先輩たちのオリジナル曲に乗せて新しいダンスプラクティスを見せるYouTubeチャンネル『+81 DANCE STUDIO』シーズン1を担当し、ダンサーやダンス好きの間で〝今のジャニーズJr.はこんなに踊れるのか!?〟と衝撃を与えました。その後、世界デビューに向けたロサンゼルス留学を機に次世代ジャニーズJr.にシーズン2は引き継がれましたが、King & Princeの髙橋海人が振付をつけたSMAP『SHAKE』コレオグラファーバージョンは名作中の名作として知られ、240万再生を超える人気作にもなっています」（音楽誌ライター）

そんなTravis Japanのデビュー曲『JUST DANCE!』は、10月28日の配信開始から3日間で約6.7万ダウンロードを記録し、11月2日発表の『オリコン週間デジタルシングルランキング』で初登場1位を獲得した。

「約6.7万ダウンロードと聞くと少なく感じる方もいらっしゃるかもしれませんが、これは米津玄師『KICK BACK』を超える今年度最高初週ダウンロード数になります。また同週ランキングの5位には『JUST DANCE!(tofubeats Remix)』、6位に『JUST DANCE!(Yaffle Remix)』もランクインし、TOP10に3曲が入る快挙を達成しました。リーダーの宮近海斗くんも公式に、『たくさんの人に僕たちの『JUST DANCE!』を楽しんでもらえていることを嬉しく思っています! ランキングに自分たちの楽曲があることも初めてで、メンバーでとても喜び合っています!!』――とコメントを出しています。『JUST DANCE!』は配信曲なのでKing＆Princeのように〝デビュー曲から11曲連続初週CD売上39万枚超〟やSnow Man/SixTONESのように〝史上初のデビューシングル初週ミリオンセールス〟は成し遂げられていませんが、音楽はサブスクで聞くのが常識的な令和時代において、配信デビュー曲が初週ダウンロード数の年間1位に輝くことを〝快挙〟と呼ばずに何を快挙と呼べばいいのでしょう」(同音楽誌ライター)

2022年3月からアメリカ・ロサンゼルスで〝武者修行〟を行っていたTravis Japan。

その武者修行中にはアメリカの有名オーディション番組『America's Got Talent』に出演して現地でも大きな話題となったが、冒頭に『リーダーの宮近海斗以下、中村海人、七五三掛龍也、川島如恵留、吉澤閑也、松田元太、松倉海斗の7名は、Snow Manが切り開いた〝世界レベルのダンスパフォーマンス〟グループとして華々しい脚光を浴びる「はず」だった』と記したように、体感として彼らのデビューはもう少し大きな影響力を発揮してもよかったのではないか?……と感じるファンの方も多いだろう。

Travis Japanは徹底したパフォーマンススキル志向で、グループ結成こそ2012年だが、構成メンバーや人数に関して何回かの変遷を繰り返し、現在のメンバーによる7人編成に辿り着いたのは2017年のことだ。

「Travis Japanの特徴は徹底したダンス至上主義で、ファンの方はご存じでしょうが、グループ名の『Travis』はマイケル・ジャクソンやレディー・ガガとの仕事でも有名なアメリカの振付師、トラビス・ペイン(Travis Payne)に由来しています。トラビス自身がジャニーズJr.の中から合宿オーディションなどを経て、特にダンスに優れた可能性を持つメンバーを選抜したグループなのです。結成してすぐに名作ミュージカル『PLAYZONE』に出演。その後、嵐やKis‐My‐Ft2などのバックダンサーを務め、2019年からは初単独主演となる舞台『虎者 ‐NINJAPAN‐』がスタートし、2021年には初の全国ツアーも行っています」（同前）

つまりTravis Japanは〝パフォーマンスに特化したグループ〟としてコツコツと腕前を磨き、デビューに相応しい徹底したスキル志向を身につけたグループとして、ジャニーズJr.の中でも一線を画す輝きを放ってきたのだ。

「スキル志向と表裏一体なのが〝海外志向〟で、デビュー前のロサンゼルス留学や世界デビューでの配信、そしてTravis Payenの教え子でもある彼らはショービジネスの本場であるアメリカで通用するかどうかを根本のアイデンティティにしてきたのです。2019年にはアメリカのアーティスト、オースティン・マホーンの来日公演で本格的な共演を果たしていますが、海外アーティストとのステージ共演はジャニーズ史上初めてのことでした」（同前）

つまり何度も繰り返しになるが、『〝世界レベルのダンスパフォーマンス〟グループとして華々しい脚光を浴びる』ほどのお膳立ては、十分すぎるほど用意されていたのである。

そのお膳立てを、ちゃぶ台ごとひっくり返したのは、他でもない滝沢秀明氏とKing & Princeだった。

2022年10月28日に世界デビューし、これを機に日本の音楽番組、芸能マスコミでもTravis Japanが大きく取り扱われていくであろうと予測された矢先、滝沢秀明氏の〝ジャニーズアイランド社社長退任、ジャニーズ事務所副社長退任、ジャニーズグループからの離脱（退社）〟が発表され、数日後にはKing & Princeから〝メンバー3名の脱退と退所〟の予定が発表された。

「いくらTravis Japanのデビューに話題性があろうとも、タッキーの退社とキンプリの空中分解の合わせ技には敵わない。しかも世間的には滝沢秀明氏が〝Travis Japanを可愛がり、デビューさせた〟とする風潮が強く、またKing & Prince・平野紫耀くんがグループ脱退の理由に〝海外進出したかった〟と挙げるなど、いかにもKing & Princeのやりたかったことを横取りしたかのように捉えられ、せっかくのデビューがネガティブの嵐に巻き込まれてしまったのです」（人気放送作家）

しかしこの報じられ方には大きな誤解がある。

まずTravis Japanは故ジャニー喜多川氏〝肝いりのプロジェクト〟で、Travis Payenを呼んできたのも彼にオーディションを任せると決めたのも、故ジャニー喜多川氏。

それに現在のメンバー7名が固まった2017年は、まだ滝沢秀明氏はタッキー&翼として活動を行っている最中。

よく言われる〝タッキーがSnow Manを育てた〟は、彼らを『滝沢歌舞伎』に抜擢して現場で鍛えた功績はあるものの、Travis Japanに関しては、

「ジャニーズJr.を預かるジャニーズアイランドの社長として、留学やデビューの決済印を押しただけ」

（音楽関係者）

——というのが、本当のところらしい。

「それにジャニーズの歴史の底流には、ずっとジャニーさんの強いアメリカ志向が流れていました。よく知られているようにジャニーさんは1931年にアメリカ・ロサンゼルスで生まれ、戦争を挟んで日本とアメリカを行き来する生活をしていました。アメリカでショービジネスを学び、その経験を活かして日本のエンターテインメントを牽引してきたのです」（同音楽関係者）

戦後、ジャニー喜多川氏は現在の代々木公園の場所にあった米軍関連施設・ワシントンハイツのグラウンドを借り、少年野球チームを結成。そのチームのメンバー4人と映画『ウエスト・サイド物語』を見にいき、感激したジャニー喜多川氏は4人をジャニーズとしてデビューさせる。

それまで〝歌って踊れる〟タレントがいなかった日本の歌謡界にジャニーズは新風を吹き込み、デビュー翌年の1965年には『NHK紅白歌合戦』に初出場を果たす。

するとその翌年、ジャニー喜多川氏は日本での活躍を自ら放棄する形でジャニーズとともに渡米、本格的にダンスや歌のレッスンを積ませるためにアメリカでの長期滞在に踏み切った。

日本の芸能界の常識では『紅白』に出場してようやく全国区になれたところで、そのすべてを投げ打つなど考えられなかった。

しかし当時の芸能界の常識というよりも世間の常識には抗えず、14ヶ月に及ぶ滞在から帰国したジャニーズはすっかり〝過去の人〟で、帰国した1967年中に解散に追い込まれたのだった。

しかし、このアメリカ武者修行は脈々と引き継がれ、1980年代には少年隊が武者修行を経て日本のミュージカル史に残る名作『PLAYZONE』を作り上げた。

「少年隊主演の『PLAYZONE』が上演されていたのは1986年から2008年までですが、初演の1986年版ストーリーを見ると、ミュージカルスターを夢見る3人の若者がニューヨークにやって来て騒動に巻き込まれる。まさに現実の武者修行を投影したかのような内容。さらに劇中披露されるいくつかの楽曲の振付を、マイケル・ジャクソン『スリラー』の振付で知られるマイケル・ピータースが担当するなど、Travis Japanの軌跡とよく似ているのです」（前出音楽誌ライター）

似ているというか、Travis Japanがジャニーズから続く〝ジャニーズ事務所正統派〟の系譜に名前を記した証明の一つといえるだろう。

「Ｔｒａｖｉｓ Ｊａｐａｎは世界に吹き荒れるＫ－ＰＯＰ旋風の中で、日本のアイドルグループで唯一〝正面から立ち向かえる〟グループです。ＢＴＳのメンバーが続々と兵役入りするこのタイミングを待っていたかのようなデビューには、全ジャニーズファン、アイドルファンの期待もあることを忘れないで欲しいですね」（同前）

男女ともに〝未完成〟なアイドルが受け入れられてきた日本独自の〝育成型アイドル文化〟から、本物の〝グローバル志向〟へ。

その担い手であり、ジャニー喜多川氏の意志を受け継ぐ〝ジャニーズ正統派〟の系譜を持つＴｒａｖｉｓ Ｊａｐａｎだからこそ、膨らむ期待は無限大なのである――。

目次

世界へDANCE! TRAViS JAPAN 素顔のトラジャ

1st Chapter

宮近海斗

Kaito Miyachika

宮近海斗が切り開く〝お芝居の道〟

松田元太や中村海人など、ドラマや映画のフィールドに活動の幅を広げるメンバーも目立ってきたTravis Japanだが、演技の仕事といえば、その先駆者は宮近海斗に他ならない。

およそ9年半前、まだ15才の宮近海斗はNHK・ドラマ10枠『激流～私を憶えていますか?～』（2013年6月～8月）に、山本耕史が演じたメインキャスト・鯖島豊の中学生時代を好演。

続いてKing & Princeの岸優太が主演した『お兄ちゃん、ガチャ』（2015年1月クール・日本テレビ系）にレギュラー出演すると、松本潤主演の『99.9‐刑事専門弁護士』（TBS系）、『トットちゃん!』（テレビ朝日系）、『花のち晴れ～花男Next Season～』（TBS系）などでゲスト出演を重ね、とうとう2018年4月クールからスタートしたテレビ朝日系『特捜9』に、警視庁鑑識課員・佐久間朗役でレギュラーに抜擢。

以降、2021年4月クール『特捜9 season4』まで4年連続でレギュラー出演。その他にも『インフルエンス』（2021年3月～4月・WOWOW）、『RISKY』（2021年3月～5月・

ＭＢＳ）などで演技力を磨いた。

そんな宮近海斗が〝お芝居の面白さ〟を知ったのは２０１８年、『特捜９』の撮影の後で参加した舞台『いまを生きる』（２０１８年10月５日～24日／東京・新国立劇場 中劇場）に生徒役として出演したことだったと明かす。

『主演は佐藤隆太さんで、俺は教師役の佐藤隆太さんに教えてもらう生徒役で、
なおかつクラスの中心的存在・ニール役。
他にもＴｒａｖｉｓからシメ（ノックス役・七五三掛龍也）とウミ（キャメロン役・中村海人）が
出ていて、おかげで初めて本格的な舞台に参加させていただいた緊張感が解れた。
あの作品はアメリカの名優、ロビン・ウィリアムズさん主演の映画が原作。
映画そのものは１９８９年に公開されたクラシック級の名作だけど、
それが２０１６年にオフ・ブロードウェイで舞台化されて、
日本での初演に俺たちが出演したんだよね』〈宮近海斗〉

舞台設定は宮近どころか佐藤隆太も生まれていない1959年。

全寮制学院のウェルトン・アカデミーに赴任してきた新しい英語教師で同校のジョン・キーティング（佐藤隆太）が、厳格な規則に縛られている学生たちに「教科書なんか破り捨てろ」と言い放ち、詩の本当の素晴らしさ、生きることの素晴らしさについて教える物語。

最初こそキーティングの風変わりな授業に戸惑うニール（宮近海斗）を中心とした生徒たちだったが、次第に行動力を刺激され、新鮮な考え、規則や親の期待に縛られない自由な生き方に目覚めていく。

『俺が演じたニールは俳優を志して『真夏の夜の夢』の舞台に立つことを決心するんだけど、父親から猛反対されてめげそうになる。

そんなニールの葛藤や変化に対するお客さんの反応や思いがストレートに伝わってきて、「ああ舞台っていいなぁ、お芝居っていいなぁ」――と思ったんですよ。

それからですね、魅力に取り憑かれたのは』

残念ながらそれ以降、宮近海斗に舞台出演の機会は巡ってきてはいない。

それでも宮近は――

『いつ声がかかってもいいように。いつでもオーディションを受けられるように』

――気持ちはキープしたままだという。

『原作映画を見たとき、素直に最後のシーンで涙が溢れちゃいました。
自分の高校時代を思い出したり照らし合わせたりしてました。
「こんなに規則が厳しい学校だったら、男子校だったら、
今の自分と違う人生を歩んでいたのかもしれないなぁ～」なんて。
自分が〝ニール〟という人間を着て、
作品の中での出来事に影響を受けて役を作れるように頑張ったからこそ、
客席のお客さんとの間で気持ちが通じ合った。
あれはＴｒａｖｉｓ Ｊａｐａｎとして、アイドルとして、
ステージ上で浴びる歓声や声援とはまったく別物だった』

――当時を振り返って語った宮近海斗。

そんな宮近に触発されたのか、七五三掛龍也（ノックス・オーバーストリート役）も——

『自分らしく生きることの素晴らしさを強く感じられたので、見にきていただいたお客様にも僕が感じたものを僕らしく伝えられたと思う』

——と語り、また中村海人（リチャード・キャメロン役）も、

『青春を謳歌する少年たちと温かく優しい先生のもとで成長していく生徒たちが、すごくキラキラしていて楽しそう。
僕が演じたリチャード・キャメロンは生徒の中でいちばん真面目ないじられ役。
普段の僕もリチャードにそっくりなので、この役と仲良く公演を歩いていけた』

——などと、それぞれの言葉で初めての舞台を振り返る。

『ジャニーズファンの皆さんもご存じの通り、
先輩の生田斗真くんや風間俊介くんは舞台出演がきっかけでお芝居の道を切り開いた。
俺がJr.の頃、「もしかして俺もお二人のような道が合ってるのかも?」
……なんて悩んだことも正直あったけど、
今は貪欲に、Ｔｒａｖｉｓ Ｊａｐａｎとしても宮近海斗個人としても、
やりたいお仕事をやらせていただけるようになりたいし、
そのための努力や準備は絶対に惜しまない。
とりあえず今は、２０２３年に『特捜９』の制作があったら、あの現場に戻れるように。
向井康二くんを追い出すつもりで頑張ります!』

――力強く語った宮近海斗。
それはイノッチ社長にアピールしなきゃね!

もう一度、佐久間朗に戻りたい！

『もし2023年に『特捜9』の制作があったら、あの現場に戻れるように。
向井康二くんを追い出すつもりで頑張ります！』

力強くそう宣言した宮近海斗。

2018年4月クールのテレビ朝日系『特捜9』season1から警視庁鑑識課員・佐久間朗役でレギュラー出演していた宮近はその後、season4まで4シーズン連続で出演した後、『特捜9』season5では新レギュラーの向井康二（三ツ矢翔平役・警視庁捜査支援分析センター分析官）と深川麻衣（高尾由真役・警視庁捜査一課特別捜査班）を迎えていたので、season6が制作された場合、スムーズに鑑識課員に戻れるかどうか……不安が募る毎日だったという。

『Travis Japanの留学がオンエア期間と被るから、テレビ業界のマナーとして、

「一旦は降板せざるを得ない」ってマネージャーさんに言われていたんだよね。

それはまぁ仕方ないけど、俺はTravis Japanのリーダーでもあるから、
表には絶対に不満や悔しさを出さなかったんだよ。

本音を言うと、やっぱり出続けていたかったけどね……』


そんな宮近海斗を感動させたのが、宮近が出演しなくなった『特捜9』Season5（テレビ朝日系）2022年5月18日の放送回だったそうだ。

『日本の友達から連絡が来て『特捜9』の中で俺の名前……というか、
〝佐久間の名前が出た〟っていうんですよ。
ロスにいる俺は時差もあるし何のことかサッパリわからなかったから、
友達に詳しく説明してもらったんです。
そうしたら浅輪（直樹）さんと小宮山（志保）さんの会話の中で、佐久間が留学中で、
しかも「彼は超優秀だからここにいてくれたらな〜」みたいな会話だっていうじゃないですか！』

ちなみにその場面を調べてみると、殺害現場に落ちていたペットボトルを思わず拾い上げてしまった浅輪直樹（井ノ原快彦）に、鑑識の研修を受けたばかりの新メンバー・高尾由真（深川麻衣）が「主任、見つけたらすぐに拾わずにまずは写真に撮ってください。それじゃどこの場所に落ちてたかわからなくなります」と注意すると、浅輪は小宮山志保（羽田美智子）に近寄り、耳打ちするかのように「怒られちゃいました」と話しかける。

そんな浅輪に小宮山が「こんなときさ、佐久間くんがいたらね」とリアクションすると、浅輪が「佐久間くん、海外研修中だから」と返し、「彼優秀だったからなぁ」「怒らないしなぁ」——と、話し合うシーンが続いたのだ。

『友達に教えてもらったらめちゃめちゃ嬉しくて。

だってそれって、作品には出てなくても佐久間が作品の中に変わらず存在していたってこと。

しかも実際にロサンゼルスに留学していた俺の状況そのものじゃん。

これは俺、また特捜ファミリーに戻れるってことかな？

……ねっ、そうだよね。

誰か「そうだよ」って言ってよ！』

そう言って興奮する宮近に、まったく予測もしていなかった出来事が……。

何と井ノ原快彦がジャニーズアイランドの社長に就任してしまい、『気軽に連絡できなくなった』のだ。

『留学から戻って世界デビューのためにしなきゃいけないことがたくさんあって、Ｔｒａｖｉｓ Ｊａｐａｎのリーダーとしてメンバーの先頭に立たなきゃいけなかったから、もう少し落ち着いてから井ノ原さんに連絡しようと思ってたんですよ。

でもＴｒａｖｉｓ Ｊａｐａｎがデビューしてすぐに井ノ原さんが社長になっちゃったから、「そんな個人的な相談を気安くしちゃいけないんじゃない?」って気持ちになってるからさ。

……どうしたらいいんだろう?』

確かに井ノ原快彦はジャニーズアイランド社の社長に就任はしたが、『特捜9』は一人の役者として出演しているんだし、ましてや座長（主役）を務めているのだから、後輩として連絡しても怒られないんじゃない?

マゴマゴしてると向井康二が一足先に――

『ｓｅａｓｏｎ6も出してください!

出番増やしてください!』

……なんて営業電話をかけてるかも。

宮近海斗が秘める役者としての〝自信〟と〝覚悟〟

『確かに伝説のドラマの続編に出られたのは嬉しかったけど、主役はJr.時代の後輩だし、その後輩に〝庶民狩り〟される、言ってみれば〝イジめられる〟に等しい役だったからね。本音で言えば、当時はめちゃめちゃ複雑だったよ（苦笑）』〈宮近海斗〉

2018年4月クールの連続ドラマ『花のち晴れ〜花男Next Season〜』（TBS系）に、〝庶民狩り〟されてしまう生徒・小松原拓役で出演していた宮近海斗。

ご存じ、TBS系で放送された連続ドラマ『花より男子』の公式続編として制作された『花晴れ』は、伝説の4人組・F4が卒業して2年後の英徳学園高等部を舞台にした作品。

F4によるイジメや退学者を多く出したという悪評でライバル校・桃乃園学院の台頭を招き、凋落の一途を辿る英徳学園を復活させるべく誕生したのが、F4の後継者を自認するC5（コレクトファイブ）。

彼らは学園に対する寄付金や授業料を滞納する生徒を強制的に退学させ、学園の品位を正す（Correct・コレクト）活動を行う5人組で、それを「庶民狩り」と称して楽しんでいたのだ。

『とにかくC5は酷いヤツらだよ。
F4と違って尊敬される要素がないからね（笑）。
俺が演じた小松原拓は第1話で庶民狩りのターゲットにされたんだけど、
英徳から転校して第2話では桃乃園の生徒として登場。
普通は最初にイジめられる〝ザコキャラ〟って二度と出てこないじゃん？
ほら『北斗の拳』でいうと、最初にケンシロウにやられるザコキャラみたいなもので。
それなのにすぐにライバル校に転校して出演するなんて、
ただのザコじゃないことの証明じゃない？』

そのC5のリーダー・神楽木晴役を演じたのが、同ドラマの主題歌『シンデレラガール』でデビューしたKing & Princeの平野紫耀。

そして平野演じる神楽木とW主演を務めたのが、『花男』では主人公の〝牧野つくし（井上真央）〟役に相当する江戸川音役の杉咲花だった。

『杉咲さんは同い年（1997年生まれ）で、しかも誕生日が10日しか変わらないから、
最初は気安く声をかけようとしたんだけど、主演女優オーラがハンパなくて、
なおかつ熱心に台本を読み込んでいるから後ろから覗いたら、
原作漫画のコマが4コマ漫画みたいに貼り付けてあって、
しかもそれ以外のときは自前の手鏡に向かって変顔の練習してたんだよ。
俺は1話と2話だけでそんなに絡みもなかったけど、
ガッツリと絡んでいたら変顔思い出して（笑ってしまい）セリフ言えなかったかも』

そんな自称〝トップ・オブ・ザコキャラ〟〝ザコキャラ界の帝王的存在〟を演じた宮近海斗だったが、
冒頭のセリフにあるように、出演が決まっても素直に喜べなかったという。

『やっぱ俺と紫耀じゃ（Jr.）歴が2年近く開いていたし、
後輩の紫耀が主演だから嫌っていうわけではなく、
紫耀に狩られて転校していく、イジめられる設定が複雑だったんだよね。
それはアイツも別角度から感じていたみたいで、
リハーサル中から何度も「すいません」って言われたよ。
俺は「やるなら徹底的にやれ!」って、先輩の意地で煽ってやったけど（笑）』

それでも宮近海斗の胸の中にある〝複雑な感情〟は完全には拭えなかったそうだ。

『同じザコキャラでも〝生徒の輪の中からC5の庶民狩りを遠巻きに眺めている〟ザコキャラよりも、狩られる役で注目が集まるザコキャラのほうがマシだって自分に言い聞かせていたね。

演出のスタッフさんにも、

「視聴者はC5が庶民狩りをするシーンよりも狩られている生徒に注目するから、宮近くんの狩られ方一つで作品の先々が占える。

第1話って、それぐらい大事。

インパクトを残そう」

――って背中を押されて。

『花晴れ』って再放送でも見ないけど、

たぶんDVD‐BOXやBlu‐ray‐BOXが出ているはずだから、

気になる人は俺の〝狩られっぷり〟をレンタルでもいいからチェックしてね(笑)』

こうして『花晴れ』をネタにできるようになったのも、ここ数年のことだと明かす宮近海斗。

『やっぱ役者としてね、少しは自信がついたのと、
それに役者はずっとやっていきたい覚悟を決められたからかな』

『花晴れ』の頃とは比べ物にならないほどの自信をつけた今、〝役者・宮近海斗〟の今後が楽しみで仕方がない。

リーダー宮近海斗が見据える〝グループの未来〟

『俺っていろんな有名人に似てるって言われるんだけど、
一番適当なのが「オードリー・ヘップバーンに似てる」ってヤツ。
オードリー・ヘップバーンさんは世界の映画史に残る大女優だから、
似てると言われれば〝嬉しい〟部類に入るけど、
言うても相手は女性だからね（笑）』〈宮近海斗〉

皆さんも何気なくテレビを見ているときなど、ふいに「あれ？ この人、宮近海斗くんに似てる」などと感じることはないだろうか。

『単に似ているというか、ここ何年か、冬になると、
「フィギュアスケートの宇野昌磨選手に似ている」っていろんなところで言われて、
冬に限らず1年を通しては、
「俳優の林遣都さんや三浦涼介さんに似ている」って言われるし。
最近はあまり言われないけど、
昔は映画『ハリー・ポッター』シリーズのドラコ・マルフォイに似てるって結構言われて、
Jr.の仲間から「USJに一緒に行こう！ 現地でマントと杖は買えるからコスプレしてくれ」
――とか言われてた。
……というかそれも、マルフォイ役の俳優さん（トム・フェルトン）に似てるって話なのにさ（苦笑）』

宮近海斗と林遣都が似ているという話は、皆さんも耳にしたことがあるのでは。

また先日も宇野昌磨選手が自身初の〝グランプリ・ファイナル〟チャンピオンに輝いたが、確かにフィギュアシーズンになると、2人が「似ている」話題をたびたび耳にする。

『役者の先輩でもある林遣都さんや世界で活躍する宇野昌磨選手に〝似ている〟と言われて、
もちろん悪い気はしないんだけど、やっぱり俺はオンリーワンでいたい気持ちのほうが強いから、
〝誰かに似ている宮近海斗〟的な言われ方は嬉しくはないよね』

「悪い気はしない」けど「嬉しくはない」は、比較される相手が誰だろうと偽らざる本音だろう。

『俺はＴｒａｖｉｓ Ｊａｐａｎをオンリーワンのグループに引き上げたいし、
メンバーも全員、その想いは同じだと思う。
だから俺や他のメンバーが〝誰かに似ている〟ということで話題になって、
それがＴｒａｖｉｓ Ｊａｐａｎを知ってもらえるきっかけになるのであれば、
積極的に取り上げてもらっても構わない。
その程度の柔軟性は持ち合わせているから(笑)。
でも〝モノマネ〟とか〝顔マネ〟的なだけの取り上げられ方は、
ありがたいけどノーサンキューです』

自分がＴｒａｖｉｓ Ｊａｐａｎの（ファンになってもらえる）入口になりたい気持ちは強いけど、
単なるネタや興味本位は『嬉しくはない』ということ。

『前にSnow Manの阿部（亮平）くんから連絡をもらって、

「如恵留をしばらくクイズ部で借りたい」――って言われたことがあったんです。

阿部くんは――

「Travisも大事なときだから如恵留の時間を奪うのは申し訳ないんだけど、如恵留がクイズ部で活躍したら、きっとTravisの知名度が上がるから」

――と丁寧に説明してくれて、
俺も納得して「如恵留をよろしくお願いします」って言えたんです。

俺が誰かに似てるとか云々の話よりもだいぶレベルが高い話だけど（笑）。

俺も如恵留も、もちろん7人のメンバー全員が、
個人活動の先に〝グループの未来〟を見据えているんですよね』

わざわざリーダーの宮近海斗に断りを入れるあたりに阿部亮平の義理堅さが垣間見られるが、Jr.時代に切磋琢磨したTravis Japanに対する、阿部亮平なりの想いが溢れるエピソードではないか。

『7人のメンバー全員が、個人活動の先に〝グループの未来〟を見据えているんですよね』

7人のメンバー全員が見据える〝グループの未来〟。

そこにはTravis Japanの〝輝ける未来〟が広がっているはずだ——。

宮近海斗フレーズ

『グループのメンバーは、
一緒に荒波を乗り越えていける相棒であって欲しい』

その荒波がどれほどの高さの荒波かはわからないが、宮近海斗は自分の相棒たち（メンバー）ならば「どんなに高く荒れ狂う波に襲われても決して屈しない自信がある」――という。

『明日考えたら新しい答えが見つかるかもしれない。
そう感じたら明日にすればいいんじゃない？』

「今日やれることは今日のうちにやれ。明日に持ち越すな！」はよく言われるセリフだが、宮近海斗は「明日になれば新しい考え方に出会えるかもしれない」可能性に賭けるタイプ。

『何をするにしても自分の未来を愛していきたい。
それが楽しく生きるための第一歩』

2010年10月30日入所から、CDデビューまでほぼ12年。同期にはSexy Zone・佐藤勝利、King & Prince・神宮寺勇太、Snow Man・目黒蓮、そしてもちろん中村海人、松倉海斗などがいる宮近海斗だが、Jr.時代から「自分の未来を愛してきた」からこそ、佐藤勝利や神宮寺勇太、目黒蓮らに先を越されても「怖くはなかった。俺に順番が来るタイミングじゃなかっただけ」——と受け入れてこられたのだ。

2nd Chapter

中村海人

Kaito Nakamura

中村海人〝25才の抱負〟

2022年3月からアメリカ・ロサンゼルス留学を行っていたTravis Japanのメンバーの中で、現地で最も早く誕生日を迎えたのは中村海人25才(1997年4月15日生まれ)の誕生日。
そしてその当日、中村海人は現地からのインスタライブでファンに報告をした。

『今まで旅行とか仕事で誕生日当日に東京にいなかったことはあったけど、
25才というキリのいい誕生日をロサンゼルスで迎えられたのはちょっと感動した。
メンバーみんなで合宿している家からインスタライブをしたのも、
ロサンゼルスにいて高まったから(笑)。
東京のリハーサルスタジオにメンバー全員でいても、
もしかしたら「インスタライブをやりたい」って気持ちにはならなかったかも?』〈中村海人〉

日本とロサンゼルスの時差は17時間。中村海人が誕生日を迎える現地4月15日の午前0時は、日本では同じ4月15日の午後5時(17時)になる。

中村は午前0時の15分前、つまり現地4月14日の午後11時45分からライブ配信をスタート。

共同生活を送っていたTravis Japanの部屋は「2」と「5」の数字や「Happy Birthday」と書かれたバルーンで飾りつけられ、テーブルにはポップコーンやポテトチップスなどのスナック菓子が並び、7人のメンバー全員が中村海人を中心に整列。

「リーダーの宮近海斗くんは、全身を中村くんのメンバーカラー・緑色でコーディネート。一瞬で今日の主役が中村くんであることをわからせてくれました。夕方5時（現地0時）が近づくにつれ、中村くんよりも周りのメンバーのほうがソワソワしていましたね」（配信を見ていた芸能ライター）

七五三掛龍也に――

『25（才）になった瞬間にやりたいこととかある？』

――と聞かれた中村海人は、

『あ〜っ、え〜っと、あるある。

25（才）で一発目でしょ？ めっちゃ言いたいことが思い浮かんだんだよね。

なんなら今すぐ大きい声で言いたいくらいの……』

――と言いながら、隣にいたリーダーの宮近海斗に耳打ちをしてチェック。

しかし『それはダメ』と、光の速さでNGを食らってしまったではないか。

そして宮近が――

『誕生日を迎える前に言っとくけど、プレゼントは後日ね』

――と言うと、中村も、

『期待してなかったよ』

――とリアクション。

さらに――

『正直、買いにいく暇ないじゃん。自分も一緒にやってるからわかる』

――なんてフォローする姿からは、ロサンゼルスでレッスン漬けの毎日を送っている様子が想像できた。

いよいよ日付が変わろうとする直前、5秒前から始まったカウントダウン。

そして0時ちょうどの瞬間にメンバーからお祝いされた中村海人は――

『まさか25か。この歳になってしまったのか……はぁ～』

――と、意外な反応を見せる。

「ファンの人も感じられたかもしれませんが、あそこは『(デビューできずに25才になっちゃったよ)』……のため息だったそうです。あの時点では世界デビューの予定も聞かされておらず、不安をいっぱい抱えたままのロサンゼルス留学でしたからね」(テレビ朝日プロデューサー氏)

――Ｉｎｓｔａｇｒａｍのコメント欄はファンからのお祝いの言葉で溢れていたが、とあるコメントに目を止めた中村はいきなり――

『はぁ？〝アラサーだね〟って言ってる。コラァ‼』

――と、大袈裟にブチギレる。

「その態度にインスタライブが終わった後、宮近くんからコッテリと絞られたそうです」（同プロデューサー氏）

『いや、もちろんネタというか〝笑い〟にするためにキレたんだけど、チャカにめっちゃ怒られた。

「もしムッとするコメントを目にしても、そのままスルーすればいいだけの話。

たとえ冗談めかしていても、ウミがキレる姿に気分を悪くする人がいたかもしれないだろ？」

――って。

100％俺が悪いよね。

確かにチャカの言う通り、
そんな俺を見てコメントとは関係のないファンの人を嫌な気持ちにさせてしまっていたら、

〝アイドル失格〟だと言われても仕方がない』

――そう言って反省しきりの中村海人。

宮近海斗の他にも、川島如恵留にも――

『今一番大事なときなんだから、これまで以上にいろいろな言動には気を配らなきゃいけない』

――と注意されたと明かす。

『ロサンゼルス留学の武者修行を終え、

遥かに〝パワーアップしたＴｒａｖｉｓ Ｊａｐａｎ〟を見せることが、

25才の抱負で正直な気持ち。

メンバーのみんな、ファンの皆さんと迎えた素敵な誕生日のおかげで、

良い1年になりそうな〝音〟が天から聞こえてきました。

メンバーみんなで助け合いながら、

一緒に一生懸命、前を向いてどこまでも歩いていきたい』

この配信の半年後には世界デビューを飾ったＴｒａｖｉｓ Ｊａｐａｎ。

留学中の活躍を含め、濃い毎日を過ごしていた彼ら。

中村海人の抱負がすべて叶えられてこそ、Ｔｒａｖｉｓ Ｊａｐａｎの未来が大きく開けるに違いない。

中村海人がロス留学でつけた自信

ロサンゼルス留学をスタートさせた直後、世界的なダンス大会『World of Dance Championship（※以下、WOD）』に初出場すると、見事に決勝まで進んで世界9位に入賞。併せてBest Costume賞とCrowd Favorite賞を受賞したTravis Japan。

さらにこの大会でのパフォーマンスが注目を集め、『America's Got Talent（アメリカズ・ゴット・タレント シーズン17）』への出演オファーを受けた。

ファンの皆さんはご存じだろうが、この『アメリカズ・ゴット・タレント（※以下、AGT）』予選に出場する直前の7月19日、吉澤閑也が両足脛の疲労骨折悪化による腱鞘炎で一定期間の活動休止を発表。吉澤の本格的な活動再開が発表されると、9月6日の準決勝進出も決めた。

『今だから言えるけど、あのときはマジに目の前が真っ暗になった。
Travis Japanは7人で一つだから、
シズがいない活動や『AGT』への出場は、俺の中では考えられなかったから』〈中村海人〉

メンバー思いのグループだけに、『AGT』への不参加も真剣に話し合われたそうだ。

『何が大事かって、俺個人的には、
Travis Japanが「7人揃って公平な評価を受けられること」だと思っていたから、
仮に6人でオーディションに参加するとしたら、
それはなかなか無意味だな……と。
結果的にはシズもすぐに帰ってきてくれたけど、
今度は無理をさせてケガを再発させちゃいけない。
チャカやノエルがシズにブレーキをかけてくれたけど、
それがなかったらシズに無理をさせていたのかも』

中村海人はそのとき──

『この番組は別に来年出ればいいだけの話だし、優先すべきはシズの体調』

──と主張したそうだ。

『そのとき、ノエルに——
「アイツ(吉澤)は『AGT』に出ることをモチベーションにケガの回復に務めてる。
そのモチベーションを奪ってはいけない」——と言われて、
ハッと考えさせられました。
「ノエルみたいな見守り方もあるんだな〜」って』

そして吉澤が復帰したTravis Japanは、9月6日の『AGT』準決勝でも強烈なライブパフォーマンスを見せてくれた。

『Travis Japanとして、
『WOD』のような世界規模のダンス大会に挑戦するのは初めてだったし、
そこで自分たちの頑張りが認められたのは本当に嬉しかった。
結果的には『AGT』も準決勝で落ちてしまったけど、
久々にテレビ番組でライブパフォーマンスを披露できたとき、
心地良い緊張感とステージを楽しむ余裕がすごく気持ち良かったんです。
この2つを味わえただけでも、
俺の中で「ロサンゼルス留学、武者修行に出た価値はあったな」——って感じでしたね』

他のメンバーも──

『まさか自分たちが『WOD』でここまでの結果を残すことができたなんて信じられなかったし、『AGT』のステージで〝ジャニーズやるじゃん〟と思ってもらえたと信じてる』〈七五三掛龍也〉

──など、ポジティブな意見が飛び交ったそうだ。

『Travis Japanはデビューできたからってそこがゴールじゃないし、守りにも入りたくない。

ロスに留学していたとき、メンバーが何かに向かって努力している姿を見て、毎日〝俺も負けていられない〟って刺激を受けていたし、実際に『WOD』でアメリカのダンサーたちと交流してみて、改めてそのハングリー精神の凄さにも気づかされたんです。

向こうで見たこと、聞いたこと、そして感じたことのすべてが財産だし、何なら年1恒例で〝春のロス留学〟も続けてみたい（笑）。

日本では事務所のスタッフといつも行動を共にしているけど、ロスでは移動一つとっても自分たちだけで動いていた。

そういう独立心というか、独立した時間を味わえたことも貴重な体験でしたね』

自信たっぷりに留学経験を振り返る中村海人。
そんな話を聞くと、ロスでは日本にいる家族のことなど頭になかったように感じるけど……

『ゲンタとシズ、ウミの3人は、日本に毎日電話して恋しがってた（笑）』

――というリーダーの証言、耳に入ってるんだけどね（笑）。

ドラマ出演で〝当たり前じゃない〟と気づいたこと

今年（2022年）4月から5月にかけて放送されたWOWOWオリジナルドラマ『今どきの若いモンは』に出演した中村海人。

『ちょうどオンエア時期がTravisのロサンゼルス留学に被っていて、リアルタイムで作品を楽しむことはできなかったんだけど、しっかりとエゴサだけはリアルタイムでやってました（笑）』〈中村海人〉

リーダーの宮近海斗からは――

『海外でエゴサするのってめちゃめちゃ不健康』

――などとからかわれていたという。

『そもそもお芝居の経験がそんなに多くないし、自信があるわけじゃないからね。

だからこそいろんな人のいろんな意見を知りたかった。

チャカだけじゃなくシメにも、

「自信がないならエゴサするなよ。落ち込むだけだぜ」――って言われたけど、
評判が気になって気になって仕方がなくなるより、悪口でもちゃんと目にしておきたい。

これが自分のお芝居に自信を持てるようになったら、また違うのかもしれないけど』

これまであまりドラマ出演の経験がなかった中村海人だが、この『今どきの若いモンは』では、主演の反町隆史をはじめ、萩原聖人、藤井隆、水崎綾女、福原遥らに混じってメインキャストの一角を務めた。

『俺が演じた舟木俊は福原遥さんが演じた新入社員・麦田歩の教育係で、
しかも若手のエース社員っていうカッコいい役。
風間宏役の萩原聖人さんはウチのゲンタとも共演されていて(『だから殺せなかった』(WOWOW))、
〝Travis Japan推し〟って言って、すごく優しく接してくださったんです。
きっとゲンタのことだからご迷惑をおかけしたと思うんですけど、クランクアップした後、
わざわざ「2人がロスから成長して帰ってくる姿を楽しみにしてるね」――って連絡までくださって。
もう感動モノでしたね』

萩原聖人以外のキャストもＴｒａｖｉｓ Ｊａｐａｎの留学に期待してくれていたそうで、『今どきの若いモンは』座長の反町隆史は『必要なモノがあったらいつでも連絡してくれな。ロスには知り合いもいるし、何でも届けるよ』と言ってくれたそう。

『カッコ良すぎる！
ロスにお知り合いがいらっしゃるとか、俺も将来は言ってみたい』

反町隆史から声をかけられたことをメンバーに自慢すると――

『ウミ、そこまで期待していただいたなら、
ちゃんと〝結果〟っていうお土産を持って帰らなきゃカッコ悪いぞ』

――などと、一斉にツッコまれたらしい。

『周りを見たら子どもの頃からテレビで見ていた俳優の方が何人もいらっしゃって、
そんな皆さんと同じ場所に立てたこと、
貴重なアドバイスをいただけたこと、
この目で見たものを自分の中に落とし込んで、
それを芝居に活かすチャンスをもらえたこと。
そのどれもが〝当たり前じゃない〟ことに気づけただけでも、
自分を褒めてやりたい気持ちになった』

撮影当時を振り返って語った中村海人。

今、Travis Japanのメンバーとしてデビューしたことも含め、すべての環境やチャンスが整うことは当たり前じゃない。

中村海人はそれに気づけたことだけでも「自分を褒めてやりたい」という。

その想いをこれからも忘れずに進めば、道に迷うこともないだろう——。

なにわ男子・藤原丈一郎は〝お兄ちゃん〟

Travis Japanのデビューを報じる記事の多くには、「ジャニーズ事務所からは、なにわ男子以来11ヶ月ぶりのグループデビュー」などと、Travis Japanとなにわ男子を比較する文言が書き記されていた。

そんなTravis Japanとなにわ男子だが、ジャニーズJr.時代は東京Jr.と関西Jr.に所属が分かれてはいたものの、共に長いJr.歴を誇るメンバー同士には深い交流を持つメンバーがいる。

中村海人が兄のように慕っているのは、なにわ男子・藤原丈一郎だ。

『丈くんは〝お兄ちゃん〟というより、俺にとっては〝暇潰しにつき合ってくれる人〟かな?

……それは冗談だけど、丈くんは年食ったベテランだけあって、めちゃめちゃ懐が深いんです。

それと丈くんは、どんなときでも電話に出てくれる暇人だし、

たま~に出られないときでも折り返してくれる。

多少ネタでディスっても、絶対に怒らないところも好きですね』〈中村海人〉

なんとなく結構バカにしているように感じなくもないが（笑）、お相手の藤原丈一郎はといえば――

『ウミは勘違いしとる。
なにわ男子で一番スケジュール黒い（忙しい）のはオリックス特需に沸いた俺やで！
何の用事もないくせに電話してきて、ようあんだけ中身のない会話続けられるわ』

――と、かなり呆れている様子にも見受けられる。

『いや、俺は丈くんが〝暇で寂しいんじゃないかな～？〟と、
気を遣って電話してあげてるんですけどね（笑）。
それに〝中身がない〟のは丈くんの感受性の問題で、
俺は10分の会話の中に1分ぐらいの用事をちゃんとハメ込んでいるんです。
長電話は俺が悪いわけじゃなく、丈くんがいちいちボケたりツッコんだりするから、
その分が長くなってしまうだけ。
丈くんが相槌を打つだけでいてくれたら、電話もキッチリと10分で終わりますから！』

自分で〝1分の用事〟っていうぐらいなら、なにも10分話さなくてもいいのでは？

『10分は話さないと、なんだかんだ丈くんが寂しがりますからね(苦笑)。

それに丈くん、オリックスの試合を見にいくために京セラドームに向かっているときに電話したら、「今は◯◯駅を降りたところなんやけど、今から京セラドームで野球」とか言いながら、京セラドームに着くまでずっと実況してくれるんですよ。

でもそれって丈くんの〝街ロケ〟の実況練習にもなってるし、関西ジャニーズでは中間淳太くん、桐山照史くんと並んで、〝ロケビッグスリー〟って呼ばれてるのは、考えたら俺のレッスンのおかげじゃない?」

それはたぶん、中村海人の〝おかげ〟ではなく藤原丈一郎の〝実力〟だと思うけど、冒頭にあるように、誰が見ても〝お兄ちゃんに甘えまくる弟〟にしか確かに見えない(笑)。

『丈くんが東京に仕事に来たときは、
どうせ一人で寂しいだろうから食事につき合ってあげてるのは俺。
もちろん丈くんには俺の貴重な時間を使うんだから、ご飯代は払わせてあげてる。
丈くんは後輩にご飯ご馳走するのが好きで、
でも今の東京Jr.にはそこまで丈くんと仲いい子がいないから、
結局は俺がつき合ってあげてるんだよ』

それもこれも藤原丈一郎の〝懐が深い〟おかげかも?
Ｔｒａｖｉｓ Ｊａｐａｎでデビューしたこれからもずっと〝兄弟のような関係〟が続いていくことだろう――。

中村海人フレーズ

『君は君の、俺は俺の、お互いの仕事を全うすることがプロ』

Ｔｒａｖｉｓ Ｊａｐａｎの〝仕事人〟こと中村海人。寡黙でコツコツ――が似合う男は、自分にも周りにもプロとしての自覚と責任を求める。

『いつも夢を追いかけられるのがジャニーズJr.。
だからずっとJr.でいても耐えられた』

宮近海斗、松倉海斗とともに、グループ内にいる3人の同期入所。
川島如恵留と七五三掛龍也、吉澤閑也の3人は先輩で、最も後輩の
松田元太でも約3ヶ月半しか入所日は変わらないベテラングループだ。

『どんなことがあってもステージの上では笑顔でいたい。
それがアイドルの務め』

ロサンゼルス留学中には松田元太と並んでホームシックにかかっていたとされる中村海人だが、ステージの上では絶対に笑顔を忘れたくない。それが〝アイドルの務め〟なのだから。

3rd Chapter

七五三掛龍也

Ryuya Shimekake

世界へDANCE!
Travis Japan

初めて明かした〝ヤマシメジム世界進出〟の夢

Travis Japanのパフォーマンスを初めてテレビで見た一般視聴者に聞いてみると、「みんなまだ若そうなのにダンスがスゴい」など、パフォーマンスレベルの高さはもちろんのこと、その見た目の若々しさに感心の声を上げる方も多い。

そこで「若そうに見えて、メンバーの平均年齢は26才弱。最年長は川島如恵留くんで28才、27才のメンバーが2人、25才のメンバーが3人、最年少は松田元太くんで23才だよ（※2022年12月現在）」と伝えると、再度「見えない。みんな童顔だね」と驚きの声が上がる。

「それはテレビ界でも同じで、特に七五三掛龍也くんが〝1995年6月23日生まれの27才〟と聞くと、中には少し大袈裟ですが〝まだ高校生かと思った〟などと驚くスタッフもいました。ちょうどTravis Japanの留学前までオンエアされていた『トリニクって何の肉？』（ABCテレビ朝日系）の準レギュラーで〝モンスター解答（おバカ解答）〟を連発していたので、まさか出演当時25〜26才だとは思われていなかったみたいです（苦笑）」（人気放送作家）

また一部のドラマ制作者からも「まだ学生服が着られる（※高校生役ができる）」と評判で、「Hey! Say! JUMPの山田涼介くんに次いで、いつまで学生服役ができるかにチャレンジして欲しい」などと、完全に興味本位の支持が集まっているらしい。

「そんな七五三掛くんですが、メンバーやTravis Japanファンの間ではグループ1の〝筋肉バカ〟として知られています。あの童顔の下には鋼鉄の鎧のような肉体が隠れていて、コンサートで上半身の衣裳を脱ぐと、メンバーの誰よりも客席から歓声が上がります」（同人気放送作家）

Travis JapanどころかジャニーズJr.時代には「東西Jr.で一番の筋肉マン」とも呼ばれていて、しかも先ほど〝鋼鉄の鎧〟と表したように、そのムキムキの上半身（※特に大胸筋や上腕二頭筋）は、リーダーの宮近海斗から——

『筋肉をつけすぎたら体（体重）が重くなるから、あまりつけすぎないで。
パフォーマンスのスピードに影響が出る』

——と泣きが入ったほど。

『自分は童顔だし、脱いだときとのギャップを〝売り〟にしてる。Ｔｒａｖｉｓ Ｊａｐａｎに選ばれてから、「何か自分の自信になるものが欲しい」って筋トレを始めたんだけど、自分としては目に見えて筋肉がついていく過程で〝メンタル〟も強くなっていく実感を感じた。ちなみに体脂肪率は４％までいったよ』〈七五三掛龍也〉

筋肉バキバキの体を手に入れたことで『メンタルも強くなった』という七五三掛龍也。

なるほど、先の『トリニクって何の肉？』でも飄々とモンスター解答を披露していたが、ゴールデンタイムの全国放送で見せたあのメンタルは、筋トレが与えてくれたものだったのか。

『当時はメンバーや友達に、

「（番組ＭＣの）ダウンタウン・浜田（雅功）さんと絡んでよく平然としていられるね」

——なんて言われたけど、俺の中ではそんなにビビるほどの感覚はなかった。

たぶん、世代がダウンタウン世代よりも少し下で、

浜田さんとか〝テレビの人〟って感覚が強かったからかな』

浜田さんの手荒いツッコミを頭に受け、時折〝明らかにキレる寸前〟の表情を見せていたときなど、テレビの前でこちら側（視聴者）は焦っていたけどね（笑）。

『それよりも12月（22日）から配信されているネトフリのドラマ見た？
山下（智久）くんが出てるんだけど、ものスゴい筋肉してんのよ。
今ロスに住んでるんだっけ？　やっぱあっちのトレーニングは進んでるよね。
俺も留学中にジム見学に行ったけど、あまりにも筋肉お化けだらけで、
ビビって入会できなかったもん』

ダウンタウン・浜田さんにはビビらなくても、名前も知らないアメリカ人の筋肉お化けにはビビる七五三掛龍也だが、そんな彼が――

『日本で最後に見たときより二回りぐらい体が大きくなっていた』

――と言う山下智久は、現在Ｎｅｔｆｌｉｘで配信中の『今際の国のアリス』シーズン2に出演中。

「『今際の国のアリス』は２０２０年からＮｅｔｆｌｉｘで配信されていて、日本製オリジナルドラマの中で最も視聴されたドラマの一つです。出演は山﨑賢人と土屋太鳳。山下くんはシーズン２からの出演となりますが、２０２０年にジャニーズ事務所を退所した後、時系列的には最初に出演した配信ドラマになります」（前出人気放送作家）

2020年10月末にジャニーズ事務所を退所した山下智久だが、日本のテレビドラマでは2022年4月から6月にかけてオンエアされた『正直不動産』(NHK)、『TOKYO VICE』(HBO Max・WOWOW)に出演。配信ドラマではジャニーズ事務所在籍中にHuluで配信された『The Head(日欧共同製作ドラマ)』(2020年6月より世界配信)に出演した後、今回の『今際の国のアリス』シーズン2(Netflix)に出演。来年配信予定の米仏日共同制作ドラマ『神の雫/Drops of God』(Hulu)では、主人公の兄であり永遠のライバルでもある〝ワインの天才〟遠峰一青役を演じる。

『山下くんはそうして世界配信のドラマに次々と出演していて、
僕らTravis Japanも世界配信でデビューしてるから、
先輩に対して失礼かもしれないけど、一方的に親近感を感じてるんだよね』〈七五三掛龍也〉

同じように世界の舞台で活動するTravis Japanと山下智久。
そこに〝筋肉〟という共通点があれば尚更だろう。

『だから今、凄く山下くんに会いたい!
効果的な筋トレや筋肉の役割について、とことん話し合ってみたいんだ。
世間的には〝おバカ系〟の俺だけど、
きっと筋肉やトレーニングの知識だけでいえば〝おバカ系〟じゃないからね(笑)。
将来は山下くんと一緒に〝ヤマシメジム〟を作って、世界進出する夢も面白いかも』

七五三掛龍也自ら明かした将来の夢。

〝ヤマシメジム〟の名前は正直微妙だけど(笑)、筋肉で世界進出する夢、叶えられたらいいよね!

〝同期〟松村北斗との関係

2009年2月15日にジャニーズ事務所に入所した七五三掛龍也は、SixTONES・松村北斗と同期にあたる。

『北斗は同期だけど、オーディションの翌日に、
『ザ少年倶楽部』(NHK BSプレミアム)の収録に参加した超エリート。
入所から3ヶ月ちょっとで中山優馬 w/B.I.Shadowのメンバーに選ばれてるし、
それからほんの2~3日でNYC boysのメンバーにも選ばれているんだよね。
俺なんか次の年(2010年)にようやく『PLAYZONE 2010』のS.A.D.に入れて、
また次の年の『PLAYZONE'11』でJ.R.A.、
そして2012年にTravis Japanの結成オーディションに合格したわけ。
北斗はドラマや映画にたくさん出てるし、同期だけど〝TVスター〟を眺めている感じだった』

そんなエリート同期の松村北斗が主演した映画『ライアー×ライアー』(2021年2月公開)で、やっと念願の(?)共演を果たした七五三掛龍也。

『特別に北斗を意識していたわけではないけど、
ようやく超エリート同期の背中まで追いついた感じ(笑)。
北斗は『私立バカレア高校(日本テレビ)』組で、
俺は『BAD BOYS J(日本テレビ)』組だったから、
ドラマでもなんとなくスレ違いだったしね』

その『BAD BOYS J』では役名こそ付いていたものの、ほとんどセリフのない〝ゲスト〟扱いに近いキャストだった七五三掛龍也。
今のSixTONESメンバー6名がメインキャストに並んだ『私立バカレア高校』と比べると、この時点でも松村北斗との差は明らかだった。

『何度も言うけど、特別に北斗だけを意識していたわけではないし、
『スクール革命!』組の高地優吾(SixTONES)は3ヶ月ぐらい後輩だしね。
北斗や高地に羨ましさを感じるとしたら、
大好きな(京本)大我くんと同じグループで活動していることぐらいかな?
でも同じグループで距離が近すぎると仲良くなれなかったかもしれないし、
そこを羨んでも意味ないけど。
……まあ、俺は俺ってことですよ(笑)』

松村北斗との共演作『ライアー×ライアー』では、もっぱら『現場ではイジられ役だった』と明かす七五三掛龍也。

『北斗ってさ、すぐに現場でネタやエピソードを拾いたがるの。
たとえば俺が「最近は自炊にハマってる」って言うと、
すぐに「何作ってんの?」「得意料理は?」とか聞いてきて、そのくせ、
「具材が同じだから色味も全部同じ」「どんだけ茶色好きなんだよ!」ってツッコんで笑ってる。
それで「そのエピソード、取材で話していい?」――ってメモってて、
その辺の姿勢というかやり方は〝見習わなきゃいけないな〜〟とか考えさせられた』

料理にハマるきっかけは〝コロナ禍〟だったと明かす七五三掛龍也。

『やっぱり外で食べづらくなったから、家で簡単な料理から挑戦し始めたんですよ。
それまで料理をすることがなかったから、自分で調べて作り始めたら楽しくて。
北斗にツッコまれたからじゃなくて、あれからいろんなジャンルに挑戦して、
上手くできたヤツは自分のブログに写真をアップさせてきました。
ロスではメンバーで自炊だったからみんなに喜ばれました。
それも北斗のツッコミのおかげかも（笑）』

同期に松村北斗がいたことを『財産の一つ』と言うものの、一方では――

『チャカとウミとクラみたいに、近い関係で切磋琢磨する同期もいいよね』

――と語った七五三掛龍也だった。

大切にする〝きょもしめ〟の関係

松村北斗のエピソードでも軽く触れているが、七五三掛龍也が最も憧れ、プライベートでも交流がある先輩はSixTONES・京本大我だ。

『SixTONESのメンバーだったら、
誰よりも京本家にお邪魔していると思うよ。
一時期、大我くんと○○くんが険悪だったときとか、
俺も○○くんと険悪だったぐらいだもん（苦笑）。
それほど俺は〝大我派〟なんだよね』〈七五三掛龍也〉

普通に考えて七五三掛まで険悪になる必要はなかっただろうけど、のちに京本と○○の仲が修復したとき、七五三掛と○○の仲はどうやって修復したのだろう。そっちが気になる。

『そこは暗黙の了解というか、
○○くんも大我くんと俺の関係性を知ってるからね。
きっと「最近シメが俺を睨んでるのは、俺と大我が険悪だからかな」
……とは思っていたと思うけど、
その程度で済んだんじゃない？』

その口振りから相手はJr.時代からの先輩のようだが、常に〝京本大我ファースト〟の七五三掛龍也にとって、相手が先輩だろうと関係ないのだ。

『関係なくもないけど、大我くんが（仲間と険悪で）寂しいときはそばにいたいじゃん』

――とまで語る七五三掛龍也。

そのSixTONES・京本大我とは最近もお互いの（グループの）TikTokでSixTONESの新曲『Boom-Pow-Wow!』とTravis Japanのデビュー曲『JUST DANCE!』のダンスコラボを披露するなど、仲の良さは相変わらず健在だ。

『ちょうどさ、俺たちTravis Japanが、
初めて『2022FNS歌謡祭 第2夜』（フジテレビ系）に出演することができて、
しかもSixTONESと同じ日（第2夜）に出演することができたから、
その記念にダンスコラボを公開したんだよね。
俺よりも大我くんのほうがノリノリで、
「シメと音楽特番でガッツリと共演できるなんて」――と喜んでくれて。
お父さん（京本政樹）からも、
「2人が2曲続けて出演する日を夢見てた」――なんてメールをもらったんですよ。
他にもいろんな音楽特番があるし、
今年（2022年）はダメだったけど2023年以降は紅白歌合戦含め、
もっともっと同じステージに立ちたい』

そんな夢を明かす七五三掛龍也はTikTokに「#FNS歌謡祭#SixTONES先輩とコラボ、ありがとうございました！ 一緒に#ピロブンダンス」の#を並べ、京本大我は「#FNS歌謡祭#TravisJapanとジャポニカ歌ったよ！ 一緒に#ブンパウワウ ワウワウ」と並べていた。

「2人の仲の良さはお互いのグループのファンの間では有名でも、一般の視聴者には知られていません。このダンスコラボはそんなお互いのファンの間で「#きょもしめ尊い」と話題になり、Twitterを中心に拡散されました。これを機にTravis JapanとSixTONESにもっと注目が集まるといいですね」（人気放送作家）

ところが、だ。

当の本人（七五三掛龍也）は、自分と京本の仲の良さが『あまり拡散されたくない』と、妙な本音を漏らす。

『俺と大我くんの関係性が有名になることは嬉しいけど、
でも有名になりすぎると2人の歴史を知らない人が軽々しく、
「七五三掛と京本、仲いいらしいじゃん」とか語ったりするじゃないですか？
そこでは俺が大我くんに憧れる理由とか、
大我くんの本当の凄さみたいな話は語られなくて、
上辺だけの理解がはびこるんですよ。
俺はそれが許せなくて。
もし語りたいなら12～13年ぐらい遡って俺たちのことを調べなさいよ。
そうしたら何言われても、こっちは聞く耳持つからさ』

――なんだとか。
それもこれも七五三掛龍也が京本大我との関係を大切にしている証だ。

七五三掛龍也が追求する〝儚げな美しさ〟

Ｔｒａｖｉｓ Ｊａｐａｎのメンバーに限らず、パフォーマンスに自信を持っているメンバー、グループは「これだけは誰にも負けない、負けたくない」こだわりを持っている。

『俺たちはあらゆるパフォーマンスにおいて、
俺たちにしかできないオリジナリティを大切にしている。
後は個々のメンバーで、それぞれのプライドがあると思うけど。
Ｓｎｏｗ Ｍａｎなんかはアクロバットにこだわりを持っていて、
あの〝腹筋太鼓〟もその一つだよね。
そもそも和太鼓って、宙吊りで叩くものじゃないから。
立派なアクロバットだし、アレはＳｎｏｗ Ｍａｎにしかできないパフォーマンス』〈宮近海斗〉

『俺やチャカなら腹筋太鼓やろうと思えばできるけど、ああいうのって最初に形にした人のものだから。

たとえば俺のほうが上手く太鼓を叩けたとしても、
お客さんの目から見れば〝Snow Manの真似〟にしか見えない。

チャカが「Travis Japanにしかできないオリジナリティを大切にしたい」

――って想いの裏には、そういう〝ジャニーズあるある〟があるんだよ。

だってジャニーズって、考えつくパフォーマンスのほとんどをやってきてるからね。

自分たちは〝新しい〟〝オリジナルにしたい〟と思っても、99%先に誰かにやられてる』〈七五三掛龍也〉

ここ数年でジャニーズのファンになった人の中には、ローラーブレード（スケート）を駆使したパフォーマンスはHiHi Jetsのオリジナルだと思ってしまう人もいるだろう。しかし10年以上前からのジャニーズファンにとってローラーブレードといえばKis-My-Ft2のパフォーマンスであり、これが20年、いや30年以上前からのジャニーズファンにとっては、ローラーブレードといえば光GENJIのパフォーマンスになるのだ。

七五三掛の言う〝ジャニーズあるある〟とは、ほとんどのパフォーマンスがジャニーズでは二代目、三代目にあたってしまうことだ。

『俺自身は何代目にあたろうが構わないと思ってるし、ローラーブレードを履いたパフォーマンスも、
初代よりも二代目、二代目よりも三代目と技の難易度は上がっているわけだし、
何ならジャニーズJr.なら全員ローラーブレードで滑れるテクニックぐらい身につけてるもん。
チャカの言う〝オリジナリティ〟には、そういった〝進化系〟みたいな意味も込められてるし、
0から1を生み出すことだけが〝オリジナリティ〟ではない。
留学中は見られなかったと思うけど、
ノエルがジャニーズクイズ部でのし上がろうとする向上心はハンパなかったし、
嵐の櫻井翔くんやSnow Manの阿部亮平くんが、
ジャニーズの〝お勉強キャラ〟〝インテリキャラ〟の筆頭みたいに言われるけど、
ウチのノエルはそんな先輩たちを超えようと頑張ってる。
それもノエル自身の〝こだわり〟じゃないかな』

そういう七五三掛龍也自身の、パフォーマンスにおける〝こだわり〟は何だろう?
肉体的には可愛い天然系キャラでありながらの〝バキバキの筋肉キャラ〟で、そのギャップも
オリジナルキャラクターの一つだとは思うけど。

『パフォーマンスで俺がこだわっているというか永遠に〝追求していきたい〟のは、
ステージの上やカメラの前で〝儚さ〟を表現すること。
これは大好きな大我くん、そしてお父さんの京本政樹さんと接しているうちに、
マシマシで強くなった〝想い〟ですね。
まずお父さんの京本政樹さんは時代劇や舞台でめちゃめちゃ儚い色気を感じさせてくれる。
大我くんはミュージカルで、歌で儚さを表現している。
「じゃあ俺は何で儚さを表現するか」――っていうと、
これはどこどこの部分っていうよりも、すべてにおいて儚さを念頭に置いていて、
常に〝儚げな美しさ〟の表現方法を考えて追求している。
結果、今はまだ全然満足していないし、
七五三掛龍也が表舞台に立ち続ける限りは課題にしていくつもり。
俺が〝儚さ〟を意識し始めてから、
ファンの方に「妖精とか精霊の美しさを感じる」と言っていただけた時期もあったんだけど、
俺が目指す〝儚げな美しさ〟はそっちじゃない気がする』

「その〝儚げな美しさ〟は何か?」と問われると——

『まだまだ模索中』

——と答える七五三掛龍也。

彼が彼なりの〝儚さ〟を追求する姿を、ファンの皆さんとともに楽しみながら見守りたいと思う。

七五三掛龍也 フレーズ

『普段東京で見ている月とロスで見ている月は同じはずなのに、見る場所によって感じ方が違う』

ロマンチックな視点を持つ七五三掛龍也。彼がロサンゼルスで眺めた月は、どんな明かりで彼を照らしてくれたのだろうか。

『何かさ、俺の話を面白がってくれる人がいたら、
それで俺は楽しいし満足なんだよね』

一時期、ジャニーズクイズ部とは真逆の〝おバカ系〟の出演オファーが殺到した七五三掛龍也。メンバーからは川島如恵留とのギャップを心配する声も上がったが、この言葉を聞く限りは余計な心配だったようだ。

『現実は思い切るんじゃなく〝受け入れたい〟タイプ』

ＣＤデビューが決まった直後、ジャニーズ事務所上層部に「どんなお仕事でも受けたい」——と話した七五三掛龍也。実は「現実を何でも受け入れたい」貪欲なタイプでもある。

4th Chapter

川島如恵留

Noel Kawashima

〝滝沢秀明が最後にデビューさせたグループ〟としての固い決意

本書のプロローグとエピローグで触れているように、元ジャニーズ事務所副社長・滝沢秀明氏の退社が、タイミング的にもTravis Japanの世界デビューにネガティブな影響を与えたことは否めない。

プロローグとエピローグでもお話ししている通り、テレビ界ではあくまでもTravis Japanは〝故ジャニー喜多川氏の秘蔵っ子〟と見られている。

しかしそんなTravis Japanのメンバーの中でも、最年長の川島如恵留だけは――

『何か大袈裟な意味に捉えられるとアレなんだけど、ここ数年の俺は滝沢くんのアドバイスや助言があったからこそ、Travis Japanでやってこられた。
それだけは誰に何を言われても俺の気持ちは変わらない』

――と、感謝の想いを表している。

2021年のことだが、Travis Japanのパフォーマンスレベルの高さが世に知られるきっかけの一つとなったのが、YouTubeチャンネル『+81 DANCE STUDIO（シーズン1）』の存在だった。

今でもTravis Japanのパフォーマンスはメンバー全員の息と振付、指先まで意識が揃ったシンクロダンスが特長だが、同チャンネル内では場面によって全員が思い思いのダンスを披露し、バラエティに富んだ振付を見せていた。

そこには川島をはじめとして、メンバーの『シンクロよりもさらに上のレベルを目指す手段として、シンクロと個性の新たな融合を武器に世界と戦っていきたい』想いがあったそうだが、それを気づかせてくれたのが――

『少なくとも俺の場合は滝沢くんだった』〈川島如恵留〉

――と明かす。

『俺はいわゆる頭でっかちタイプで、体を動かす前に頭で考えすぎちゃう性格だったんです。何かを発言や発信するときも頭の中で反響や反応を予測してしまって、思ったことを真っ直ぐに発信できないことのほうが多かった。

滝沢くんはそんな俺に「素直になればいいじゃん」と声をかけてくれて、「如恵留が素直にいろいろと発言してくれたことがきっかけで、Ｔｒａｖｉｓは意見をぶつけ合うことができるグループになった。これからもそのまま、素直に発信していけばいい」——って言ってくれたんです。

そうしたら確かにグループの雰囲気も変わって、今までは最年長だからって遠慮していたメンバーも、積極的に「あれもやれ、これもやれ」って言ってくれるようになった。

滝沢くんのアドバイスで、俺もグループも生まれ変わった。『+81』も、それまでだったら「ふざけてんの?」みたいなフリーダンスを認めてもらえた』

——そう振り返る川島如恵留。

なるほど。それは確かに滝沢秀明氏に対する感謝の気持ちは大きいだろう。

『滝沢くんは『虎者 ―NINJAPAN―』の構成と演出を手掛けてくださったんですけど、
そこでも滝沢くんは――

「今あるものを単純に利用したり消費したりして何かを作り出すんじゃなくて、作るときに新たに自分たちにプラスされていくものを意識する」

――そういうやり方を俺たちに示してくれた。

おかげで俺たちは、作品を生み出す過程で自分たちが成長していく実感を感じることができたんです。

滝沢くんの演出は今後受けられないかもしれないけど、一度はその現場を経験したことで、少なくとも〝滝沢イズム〟みたいなものは身に染みついている』

自分が「グループを変えた」と言ってもらえたことが『一生の宝物』とも話す川島如恵留。

『確かにTravis JapanはSnow Manに比べると、
「滝沢くんに育ててもらった」と胸を張ることはできないけど、
それはジャニーズの周りにいらっしゃる方やファンの方、
芸能界、テレビ界からの見方であって、
一般の視聴者の皆さんにすれば、
Travis Japanは「滝沢くんが最後にデビューさせたグループ」だと思うんです。
だから少なくとも俺たちは、滝沢くんの顔に泥を塗るようなグループになってはならない。
それは誰に何と言われようと、俺自身は意識しながらやっていきたいですね』

固い決意を語った川島如恵留。
間違いなくTravis Japanは〝滝沢秀明が最後にデビューさせたグループ〟という
肩書に恥じないグループへと大きく成長していくだろう——。

川島如恵留が振り返るTravis Japan初期のメンバー関係

Travis Japanの大きな魅力の一つといわれるのが、メンバー間の仲の良さだ。
メンバーの多くがTravis Japan以外のユニットで組んでいたり、最後にメンバー入りした"松松"コンビにしても、松倉海斗は宮近海斗・中村海人と同期で同い年なのはいうまでもなく、加えて"松松"のコミュニケーション能力の高さは折り紙つきだ。
特に2018年から参加したジャニーズJr.の公式YouTubeチャンネルでも、メンバーが醸し出す和やかな空気感と笑顔、そこに漂うチームワークの良さ、安心感は他のJr.と比べても群を抜いていた。
Travis Japanの主演舞台『虎者 ‐NINJAPAN‐』の初演は2019年、トランポリンやタップダンス、アクロバットなど生身の肉体を駆使したパフォーマンスは、彼らが演じる"忍者"の設定に合わせたレベルの高さを誇り、中でも舞台終盤のトランポリンは、素人には決して真似のできない人間離れした技を披露してくれた。

『アクロバットには自信があったけど、
さすがにトランポリンの高さとスピードには少なからず恐怖感を感じたよね。
一応、トランポリンのリハーサルでは、
チャカと俺がメンバーの先頭に立つ形で臨んでいたけど、
指導してくださったのが、元オリンピック選手で、
トランポリン協会の強化本部長を務めた経験もある、
プロトランポリン選手の中田大輔さんだよ！
普通に考えて日本で一番レベルの高い指導者に教えてもらったんだから』

――そう言ってなぜか自然に笑みがこぼれる川島如恵留。

「中田さんは『Ｔｒａｖｉｓ Ｊａｐａｎの良いところは、壁に当たったときにみんなで話し合って解決する力。あの素晴らしいチームワークと努力があれば、プロ並の技をこなせるようになる』――と太鼓判を押してくれたそうで、また『彼らを指導できて幸せだった。自分も指導者としての幅が広がった』と、舞台『虎者』に感謝していました」（舞台関係者）

しかしそのチームワークと仲の良さは――

『結成当初はまったく存在していなかった』

――と川島如恵留は振り返る。

2012年にTravis Japanが結成されたときのオリジナルメンバーでは〝松松コンビ〟以外の5人が今もグループに残っているが、たとえば七五三掛龍也などは――

『ノエルとはTravisになる前から他のグループで一緒だったんですけど、最初はめっちゃ仲悪くて、楽屋でも全然しゃべらなかった。ノエルも俺のこと、たぶん苦手だったと思う』

――と話す。

それに対して川島は――

『閑也とはめちゃくちゃ仲悪かったし、シメの言う通り、アイツともウマが合わなかった』

――と明かす。

名前の挙がった吉澤閑也も――

『ノエルはめっちゃ嫌いだった。

シメも最初はそんなに好きじゃなかった。

ノエルはとにかく言葉も態度もとげとげしいし、思いやりもなかった。

平気で目の前で――

「俺にできるんだからみんなにもできるはずじゃん。

両立できないのは怠けてるだけ」――って真顔で説教するんです。

しかもそれがパフォーマンスのことだけじゃなく、私生活というか学業との両立についても。

そんなこと言われたら、いくら年上でも誰だって反発する』

――と、当時の川島との仲、グループにおけるメンバー間のいざこざについて触れる。

『めっちゃ反省してますけど、若いときは自分の中の物差しが狂っていたんですよ。

もともと面白そうなことは何でも全部やりたい好奇心の塊のような人間だから、

一生懸命に取り組むことが当たり前で、やれないヤツは全員怠け者だと思ってたんです』

当時を振り返って反省気味の川島如恵留。

今は人それぞれのペースや度量のようなものを認めている。

『自分の影響を受け、頑張りたいメンバーが頑張ればいい。

強制はしないし、結果のすべても受け入れる』

——というような性格に変化していると明かす。


『ジャニーズクイズ部でSnow Manの阿部亮平くんと近い関係になったのが大きいかな。

正直、クイズ部といいながら若手Jr.の知識ってイライラするほど薄いんです。

でも阿部くんは若手Jr.がどれだけ不正解を重ねても、ニコニコと笑いながら見守っている。

「どうして許せるんですか?」と聞いたとき、
阿部くんは「俺とノエルが挽回すればいいじゃん。チームってそういうもんだろ?」

——って笑ったんです。

その阿部くんを見て、あらゆることを受け入れるカッコ良さを学んだ』

そんな川島は、今では——

『Travis Japanは毎日仲の良さを更新している』

——と心から言えるメンバーになっている。

ジャニーズクイズ部エースへの〝ルーツ〟

ジャニーズクイズ部のエースとして、部長のSnow Man・阿部亮平も舌を巻く知識を誇る川島如恵留。

ジャニーズJr.として入所する以前、小学3年生で高校数学までマスターしていた伝説をはじめ、2019年3月には独学で国家資格の宅地建物取引士試験に一発合格。さらには秘書検定、漢字検定2級を所持していて、ロス留学前には――

『今後、旅行業務取扱管理者や保育士の資格を取得するつもり。

将来、面白い仕事ができそうだから。

「気象予報士の試験は受けないの?」って聞かれたこともあるけど、

ジャニーズでは阿部くん含め2人が合格しているから、

自分がオリジナルになれない資格は取るつもりはない』

川島如恵留の飽くなき好奇心は衰えを知らない。

それにしても外野から見ていたら、いとも簡単に難関資格を取得するその学習法のルーツやコツがどこにあるのかを探ってみると、本人はあまり語りたがらない〝秘密〟が見えてきたのだ。

『そんなに意外すぎるほどの理由がなくて、
普通に母親の鬼スパルタ教育を受けて育っただけなんです。
小学1年から3年まで公○式で勉強していたんですけど、
普通は1週間でプリント25〜35枚くらいのペースで進めるところ、
僕は500〜700枚もやってたんですよ。
信じられます？ 単純に20倍以上の量ですから。
だから公○式を始めて1年で国語も算数も小6まで終わらせてしまいました。
アルファベットにも触れたことのない子どもが、次は微分積分に進んでいく。
学校の授業は余裕すぎて、周りの子どもたちに対して〝何で（授業が）わかんないの？〟って、
マウントを取る子どもになってましたね。
その頃に俺の可愛げのない部分が形成された（笑）』

なるほど。七五三掛龍也や吉澤閑也が『嫌いだった』『苦手だった』性格の一端は、小学生低学年のときに作られたものだったのだ（苦笑）。

しかし普通の小学生は、そんな鬼スパルタ教育に反抗してしまうものだが……

『母親への反発はなかった。

〝ごはんは食べるもの〟……みたいな感じで「勉強はするもの」だったので。

洗脳されていたのかも（笑）。

でも親には親なりの理由があって、後に理由も教えてもらいました。

俺は幼稚園のときに『ライオンキング』を見て憧れていたから、

子役になるためのレッスンにも通わせてくれて、

早めに勉強を終わらせれば芸能界に集中できるって考えてくれていたんです。

おかげで勉強する癖もつけられて、勉強することが〝苦〟じゃなくなった。

宅建に一発で合格することができたのも、

ルーツを辿れば母親の〝鬼スパルタ教育〟に辿り着くんです』

さらにその〝勉強の癖〟は、如恵留少年の人生に光を灯してくれたのだ。

『小学5年生のときにイジメに遭って、
みんなと同じ中学校に行きたくなくて受験勉強を始めたんです。
新しい場所を探すための小学生なりの行動。
鬼スパルタ教育の経験があったから、目的や目標のための勉強は楽しかった』

パズルや謎解きが好きで数学が得意だったという川島が資格試験など暗記モノの学習に取り組む際には、とりあえずノートに書き写すことで克服してきたそうだ。加えて黒板や教科書を単純に書き写すだけではなく、そこに自分なりの言葉や絵を書き足しながら記憶に落とし込むことが大切だと気づく。

『暗記や記憶の〝作業〟を、自分なりに〝理解〟に繋げる方法を見つけること。
クイズ部のJr.たちにも絵に描いて解説したりしてるんですけど、あまりピンと来ていない。
むしろ阿部くんのほうが感心してくれるのは、
阿部くんが〝理系の人〟だからかもしれませんね。
それぞれが効率良く暗記したり記憶したりする秘訣を見つければ、
ジャニーズクイズ部はまだまだ強くなると思います』

そして――

『いつか『Qさま!!』の特番でカズレーザーさんに勝ってみたい』

――と明かす川島如恵留。

かなり高いハードルではあるが――

『ハードルが高ければ高いほど燃える。

俺は小学生のときから、ずっとそう感じてやってきた』

――と胸を張るぐらいだから、快挙を達成する日は意外に近いかも。

28才を迎えた川島如恵留の〝心境の変化〟

Ｔｒａｖｉｓ Ｊａｐａｎの最年長メンバー・川島如恵留が、自身28才の誕生日である11月22日に公式Ｉｎｓｔａｇｒａｍでライブ配信を行った。

本書では中村海人の誕生日配信エピソードについても触れているが、基本的にＴｒａｖｉｓ Ｊａｐａｎのメンバーはそれぞれの誕生日に配信を行い、ファンとともに誕生日を祝っている。

この日も川島のメンバーカラー「白」を取り入れた服装で統一したメンバーたちが揃うと、当の川島は逆に「黒」のコートで登場。配信から10分ほどするとコートを脱ぎ捨て、その下には黒のスーツ姿が隠れているプチ・サプライズを見せてくれた。

ファンの皆さんにはお馴染み『今日も如恵留です』の自己紹介フレーズも忘れずに披露した川島だったが、この日はかなり赤裸々に自身の気持ちを語ってくれた。

「以前、如恵留くんが『誕生日配信は誰もが主人公になれる』——と話していたことがあって、そのときは何のことかピンと来ませんでしたが、この日の配信でその意味がわかりました」

——とは、川島がジャニーズクイズ部のメンバーとして数多く出演しているテレビ朝日ディレクター氏だ。

「まだTravis Japanがデビューしてから（川島とは）仕事をしていないので、せめて配信だけでもちゃんと見ておきたかった」と振り返るディレクター氏は、川島の発言でいくつか気になった点を指摘してくれた。

「如恵留くんは28才の抱負として『メンバーみんな仲良くいければいいかなって思います』——とコメントしていましたが、そこで〝大人になったな〜〟と感じましたね。まあ28才は十二分に大人ですけど、ジャニーズクイズ部での悩みというか年下世代との考え方のギャップなんかを聞かされていたので、まず最初に『メンバーみんな仲良くいければ』のコメントに深みを感じたんですよ」

（テレビ朝日ディレクター）

川島はメンバーからの誕生日おめでとうメールについて――

『シメが一番早かった。
マチュの2秒前くらいにシメからメールが来た』

――と明かしたが、嬉しかったのは、

『午前0時前にメールを作って、ちゃんとスタンバっている姿が目に浮かぶから』

――だとディレクター氏に話してくれたそうだ。

メンバー以外にもSnow Man・阿部亮平や風間俊介、ふぉ～ゆ～・松崎祐介らからも連絡があったという川島如恵留。

『まあ、これでも中1の秋からジャニーズやってるんで、忘れずにメールをくれる先輩や仲間たちはたくさんいますよ。
配信が終わってしばらくしたら寝ちゃったけど、起きたら〝チカチカ（着信ライトの点滅）〟みたいな（笑）』

そんなメンバー、仲間たち、そしてファンについて、川島如恵留は本音を語る――。

『いろんな壁にぶつかったときでも、
それを「楽しんで乗り越えよう」と思えるメンバー、仲間と出会えた。
それを一緒に共有できる、ファンのみんながいてくれる。
「僕の人生でそれが一番幸せなことだな」と28才になった自分は感じてます。
自分たちのやりたいことだったり表現したいことを、
自由にできるように地盤をしっかり固めたい。
日々日々、研鑽することがそのためには何よりも大切』

さらに前出のディレクター氏は、川島如恵留が配信で語った――

『俺らは決められたことをやるマシーンじゃない』
『自分たちがやりたいこととか表現したいこと、
届けたい想いを形にしていけるのがアイドル業の良さと魅力だと思う』

――の言葉に、より確かな成長を感じ取ったそうだ。

そして自分の想いを〝締める〟セリフに選んだのが――

『アイドルは自分にとって天職だと思う』

――のセリフだったことは、何よりもファンの皆さんを喜ばせたに違いない。

最後に宮近海斗が『ノエ担に何して欲しいか教えて』というファンからの書き込みを質問として浴びせると、川島は――

『え〜っと、健やかに生きて欲しいですね』

――と回答。

この発言の真意については――

『前まではノエ担の皆さんに「何でも受け入れてもらわないと嫌」と思っていたけど、「そうじゃないな」って最近気づいたし、健やかに生きてもらえれば満足』

――と、心境の変化を語った。

28才を迎えて、川島如恵留はアイドルとしても、人としても、さらに大きく成長していた――。

川島如恵留 フレーズ

『成功を妨げる最大の理由は、逃げ道を用意する生き方』

逃げ道を用意した時点で「失敗を前提にしている」と、
自分自身にも厳しいスタンスを貫く川島如恵留。

『〝大変〟って言葉はあまり好きじゃない。
だって俺はいつも全力だから、言われなくたって大変なんだよ』

「大変じゃない仕事ってあるの?」――と話す川島如恵留。
ジャニーズクイズ部では実質的なエースに君臨するが、
それも「間違えられないプレッシャーが凄いから、大変でも
クイズの勉強は毎日欠かさない」と明かす積み重ねから。

『大袈裟に聞こえるかもしれないけど、
すべてを賭けたい仕事に関われている限り、
男は幸せでいられる』

2007年10月14日に入所し、丸15年を越えるJr.歴でデビューを掴んだ。ちなみに27才11か月でのCDデビューは、ジャニーズ事務所最高齢デビュー記録を樹立した川島如恵留。それもこれも〝すべてを賭けたい仕事〟に就いてこられたから。

5th Chapter

吉澤閑也

Shizuya Yoshizawa

世界へDANCE!
Travis Japan

吉澤閑也が活動休止で感じた〝メンバーの友情と絆〟

Ｔｒａｖｉｓ Ｊａｐａｎのロサンゼルス留学、武者修行中にファンを最も心配させたのは、吉澤閑也が体調不良のため一定期間活動を休止することが発表されたときだった。

「吉澤くんは発表にもあったように足のケガに加え、適応障害の診断も受けていました。留学、武者修行で外国に滞在しているメンバーに対し、この適応障害を発表したのは、ジャニーズ事務所、ジャニーズアイランド社にとってみれば、かなり大きな決断だったと思います」（人気放送作家）

海外生活中に適応障害などと診断されると、即座に日本に帰国して治療を受けさせることが〝タレントを守る〟芸能プロダクションの選ぶべき方法だろう。

しかし今回の留学、武者修行の場合、メンバーもファンも「グループデビューに直結する」ことを肌で感じていただけに、日本への治療帰国は本人に悔いを残しかねない。滞在先がロサンゼルスで、高いレベルの治療が受けられるからこそ、休業理由を発表できたのだ。

『足のケガについては、去年の『虎者 ―NINJAPAN 2021―』の上演期間中から痛めていて、もともとドクターに相談しながらの活動だったんですよね。

だけどロスに行ってから少し踊るだけでも痛いと感じるようになってしまったので、改めて検査したらドクターストップがかかってしまったんです。

適応障害はまあ、ホームシックみたいなものですよ（苦笑）』〈吉澤閑也〉

しかし全体的には大事にならず、8月半ばに活動を再開してからの吉澤は元気に武者修行を終えられただけに、ファンの皆さんもホッとしたに違いない。


『両足脛の疲労骨折が悪化したことによる腱鞘炎と、環境の変化に起因する適応障害。

休業はあくまでもそれ以上悪化させないために、ドクターの指導に従ったまでのこと。

でも休業して〝嬉しい〟っていうのも変だけど、俺についての話し合いの中で、メンバーが全員、俺の回復と健康が最優先だと発言してくれて、

「そんなに考えてくれていたのか」――って嬉しくて感激した』

当時を振り返って正直な気持ちを明かした吉澤閑也。

『自分で言うのも何だけど、
自分たちの活動の中で〝精神面の充実〟がいかに大きなウェイトを占めているか、
身を持って感じることができた。
正直、不安になってネガティブなことばかり考えると記憶力も低下するし、
パフォーマンスにも影響が出まくりだったから。
自分たちが〝浮かれていた〟とは思わないけど、
ずっと目標にしていた世界進出の第一歩を踏み出せて、舞い上がっていたのは事実。
ここで一度〝立ち止まりなさい〟って体が教えてくれたと俺は思ってるし、
立ち止まる覚悟を決めたことで、
より強く「Travis Japanのメンバーと上を目指したい」
「そのためにも絶対にグループに戻る」
――その気持ちが俺を救ってくれた』

さらにメンバーとの〝絆〟を強く感じたのは、自分の休業が発表された直後、リーダーの宮近海斗をはじめとしたメンバーたちが、公式に――

『今は良くも悪くもSNSを通して様々な方の気持ちが届く時代。
ファンの皆さんの温かい気持ちが前向きなパワーに変わる。
吉澤閑也には優しい言葉をくれると嬉しいです。
自分たちはアイドルである以前に〝ひとりの人間〟なので、
批判的なご意見が心に刺さる』

――という意味のコメントを発表したことだという。

『メンバーみんなが俺の盾になってくれた。
休業する人間に対して擁護するような意見は、
誤解を招いたら自分自身への批判として返ってくる。
だからあまり表立って意見を言えないのが当たり前だし、
何も言わなくたって俺が恨むわけじゃない。
それでも言わずにいられなかったのは、
みんなの俺に対する友情であり〝グループの絆〟。
俺はみんなが発言した後に知ったんだけど、嬉しすぎて即大泣きしちゃいましたよ。
当然、1分1秒でも早くＴｒａｖｉｓ Ｊａｐａｎの立ち位置に戻りたくなるよね』

吉澤閑也が思いのほか早く復帰することができたのは、こうしたメンバーの支えがあったからこそなのだろう――。

Travis Japanは〝家族〟のような存在

2009年4月、日本テレビ系のバラエティ番組『スクール革命！』のオーディションを受けてジャニーズ事務所に入所した吉澤閑也。

2012年の結成時からTravis Japanのメンバーとして活動しているが――

『あんまり大きな声では言えないけど、
ナマの山田涼介くんに会ってみたくて、
『スクール革命！』のジャニーズオーディション受けたんだよね（苦笑）』〈吉澤閑也〉

かつて行われた『スクール革命！』3年J組！新入生オーディションを経由し、厳密にはジャニーズJr.研修生としてジャニーズJr.入りを果たした吉澤閑也。

このオーディションでの最終合格者は、ご存じ現SixTONESの高地優吾だった。

『髙地は1，300人から合格して、もう13年以上あの番組のレギュラーやってるからね。
それは超羨ましい！
でも山田くんや知念くん、八乙女くんよりも、
オードリーさんやザキヤマさんと仲がいいから、
そこはレギュラーでも許せるポイント。
これでもし山田くんと仲が良かったら、俺はもう嫉妬で髙地を呪っちゃう（笑）』

自分は『スクール革命！』のレギュラーじゃなかったから――

『近い将来、YouTube〝ジャにのちゃんねる〟5人目のレギュラーメンバーに抜擢される
可能性を信じている』

――と明かす吉澤閑也。

『だってもし5人目のメンバーが選ばれるとしても、
(菊池)風磨くんと近いSexy Zoneのメンバーや同期のSixTONES・田中樹くん、
それに山田くんの関係でいえば番組で共演する髙地とかは、
〝選ばれない後輩メンバー〟だと思うんです。
人気企画の〝相関図〟とかやったって、人間関係が代わり映えしませんからね。
でもある程度のキャリアがあって相関図も賑やかにならなきゃいけないとなると、
ここはTravis Japanのメンバー、
中でも〝山田涼介愛選手権〟優勝候補の俺が選ばれてもおかしくない。
……まあ、すべて妄想の世界ですけど』

――と言って笑う。

そんな、SixTONES・髙地優吾を一方的に敵視する(?)吉澤閑也だが、『今思えば髙地がオーディションに合格して良かった』とも考えているそうだ。

『今俺は、胸を張ってTravis Japanを〝家族のような存在〟と言える。
それは結成からメンバー同士のいざこざからメンバー変更から、
すべてを経験したうえで今言えること。
Travis Japanで仕事をしているときは、いつも絶対的に楽しい。
普段からメンバーみんなでくだらないことで笑い合ってるし、一緒にいれば何でも面白い。
仕事が早く終わったときとか、ギリギリいられるまで控室で無駄話してるしね。
そんなグループは他にはないし、
俺がTravisの結成からすべてを経験してきたから思えること。
もし高地じゃなくて俺が3年J組に合格していたら、
Travis Japanに俺の姿はなかっただろうからね』

それほど仲のいいメンバー同士、控室で無駄話がしたいがために、Travis Japanの〝仕事〟は早いのだとか。

『芸能界やテレビ界のギョーカイ用語で、
予定よりも〝早く終わる〟ことを「巻く」っていうけど、
俺たちはいつもアイコンタクトで「(今日は1時間巻きで)」とか意思の疎通を図ってるし、
それこそ3時間ぐらい巻いたこともあります。
新幹線で新大阪越えちゃいますからね(笑)』

今はそれほどメンバー仲の良いTravis Japanだが、昔を思い出すたびに真っ先に浮かぶのは――

『ノエルとのケンカ。
あいつは信じられないぐらいヤンチャだったから』

――と言う吉澤閑也。

『マチュやゲンタとはケンカにならないっていうか、
アイツらがニコイチでいつもうるさいのはTravis加入前から知っていたし、
いい意味で入ってきてからも全然変わらないんですよ。
別にノエルの印象だけがめちゃめちゃ悪かったわけじゃないけど、
アイツは普通に振る舞うだけで〝性格が良くなった〟とか〝丸くなった〟って言われる。
最近、「そういう戦略だったんじゃないか」……って疑ってます。
めっちゃ頭良いヤツだから（笑）』

ファンの皆さんはご存じだろうが、3人のお兄さん、1人のお姉さんで5人兄弟の末っ子の吉澤閑也。

『同い年だけど、シメは弟感覚のメンバー。
本当に年下のメンバーは4人いるけど、〝弟感〟を感じたことはないかな。
むしろHiHi Jetsの橋本涼とか少年忍者の山井飛翔とか、
2000年代生まれの後輩のほうが弟感満載だね（笑）』

今後バラエティではバンジージャンプや落下系アトラクションをNGにしたいと明かす吉澤閑也。

本人曰く——

『ダンスやパフォーマンスに関わるもの以外、無理に苦手を克服しない性格』

——らしい。

もし今後バンジーや落下系のロケに参加したときは、どうしてもそこに「落ちなきゃいけない理由」があったのだと『汲んで欲しい』そうだ。

でも、それだけ苦手な〝落下系〟でも、メンバーと一緒なら仲良く落ちて克服できるかも。

あの先輩を怒らせた〝口は災いのもと〟

Ｔｒａｖｉｓ Ｊａｐａｎのメンバーが週替わりでＭＣを担当していたラジオ番組『らじらー！サタデー』（ＮＨＫラジオ第１）。

『２０１９年４月から２０２２年３月まで、
丸３年もレギュラーをやらせてもらってたじゃん。
俺たちにとってはラジオの〝イロハ〟を学ばせてもらった番組。
ロス留学直前は３時間の生放送にメンバー全員で出て、
留学中は７ＭＥＮ侍が俺たちの枠を引き継いでくれた。
何かこれからも『らじらー』には出させてもらえるみたいだけど、
個人的にもめちゃめちゃ大切な番組だから嬉しかった』〈吉澤閑也〉

そんな『らじらー』ではTravis Japanファンの皆さんのため、ジャニーズファンの皆さんのため、メンバーと先輩たちとの交流エピソードに触れることも多かったが、吉澤閑也と松倉海斗が〝ある先輩〟とのエピソードに触れた後、その〝ある先輩〟から――

『お前ら勝手に俺の話出すなよ！
出したいときは事前に「この話をさせてください」って許可取れよな!!
お前らのせいで、結構いろんな人から〝嫌味〟言われたんだから……』

――と、かなりマジなモードで注意されたことがあったそうだ。

『八乙女光くんです。

Ｔｒａｖｉｓで焼肉に連れていってもらえたことが嬉しかったんですけど、そのエピソードの中で俺とマチュが〝高級焼肉〟〝お会計を見てビックリした〟と話したら、光くんはＪＵＭＰのメンバーや先輩たちに――

「稼いでるんだな」「後輩にご馳走するときに（会計の）金額見せつけるんだ?」とか、めっちゃツッコまれたそうなんです。

光くんに――

「今はラジオもタイムシフトで聞けるんだから、聞き逃してるから大丈夫とか思うなよ」

――って怒られて。

それからは一応、注意はしてますけど』

――と、反省モードの吉澤閑也。

それはＴｒａｖｉｓ Ｊａｐａｎが、Ｈｅｙ! Ｓａｙ! ＪＵＭＰコンサートのバックについていたときの話だったという。

『いつもはHey! Say! JUMPの皆さん、スタッフさんたちと一緒なんですけど、
たまたま俺たちが楽屋出るタイミングが遅くて、どこで食事するのか聞けなかったんです。
そうしたらたまたま八乙女光くんも楽屋出るのが遅くて、
「ちょうどいい機会だから俺と行こうか」――って誘ってもらえたんです』

Hey! Say! JUMPメンバーやスタッフと食事に行くのも打ち上げ感満載で楽しいが、八乙女光1人対Travis Japan7人での食事会(打ち上げ)は――

『変な話、俺たち1人ずつの発言チャンスが増えたから、
いつもよりも深いところまでいろいろな質問や相談ができた』

今思い出しても貴重かつ楽しい時間を過ごせたと振り返る吉澤閑也。

メンバーの誰もが『トイレに立つのをためらっていた』ほど濃密な時間を過ごした8人だったが、八乙女が『そろそろお会計を……』と店員に告げると、返ってきた〝10数万円〟の金額にTravis Japanのメンバーはのけぞってしまったのだ。

『もちろんお会計は先輩の光くんにご馳走になったわけですよ。
俺とマチュは光くんに何のお返しもできないから、
せめて自分たちのレギュラー番組で触れることで、
世間的に光くんの優しさや太っ腹ぶりを伝えてイメージアップをお手伝いしたかったんです』
後輩ならではの気遣いをした吉澤閑也だったが、ところがそれがまったくの逆効果に終わってしまったのだ（苦笑）。
『光くんがわざわざ（当時）Jr.のレッスン場まで来て、
「お前ら勝手に俺の話出すなよ！
出したいときは事前に〝この話をさせてください〟って許可取れよな!!
お前らのせいで、結構いろんな人から〝嫌味〟言われたんだから……」って怒ったんです。
そりゃあ俺もマチュもビビりましたけど、何が怖かったかって、
俺たち以外のTravisメンバーの目が――
「（お前ら、余計なことしやがって）」――と、
俺たちを責めていたんです。
これは360。全面的に敵だらけなので、俺とマチュは必死に謝るしかなかったんです』

申し訳なさそうに話す吉澤閑也だが、なぜメンバーまでもが吉澤と松倉を責めたのかというと――

『その焼肉をきっかけに定期的に〝八乙女会をやろう〟って話だったので、
メンバーはそれが流れるのを恐れていた。
美味しいご飯だけじゃなく、
先輩方にとことん話を聞かせてもらう機会、
ありそうでないのも〝ジャニーズあるある〟ですから』

――だそうだ。

何とか定期的な八乙女会は継続しているようなので、吉澤閑也は冷や汗をかきながらも〝口は災いのもと〟を思い知らされたとか。

メンバー同士で決めた〝Travis Japanルール〟

SixTONESもSnow Manもなにわ男子も、そしてTravis Japanも密着取材を受けた、ジャニーズ系の連続ドキュメンタリー番組『RIDE ON TIME』(フジテレビ系)。

過去、デビュー前のメンバーが公式に語る本音は、どこのグループも応援したくてたまらなくなるほど悲痛な思いに溢れていた。

Travis Japanが登場した回の中でも、2020年から2021年にかけてオンエアされたSeason3は特に注目を集めた。それはすでに当時からジャニーズの歴史にも残る「ダンスパフォーマンスに特化したグループ」として、テレビ界でも広く知られていたからだ。

「しかも当時は結成間近のなにわ男子と〝どちらが先にデビューするの?〟みたいな注目もテレビ界では集めていたので、ジャニーズ事務所がどちらを推していくつもりなのか、その見極めも含めて注目されていました」(人気放送作家)

この『RIDE ON TIME』の中でのTravis Japanは、むしろ自分たちのパフォーマンスに対する不安を吐露する素振りすら見せていたのだ。

世界的な振付師トラヴィス・ペイン氏と故ジャニー喜多川氏が選抜したメンバーたちは、ジャズダンスからコンテンポラリーダンス、ロックダンスと、あらゆるジャンルのダンスを完璧に踊れることがメンバーでいられる「最低条件」でもある。それゆえダンスのプロが絶賛する実力も、メンバー自身に言わせると『全然ダメ。まだまだ』のレベルで、首を横に振るほど向上心が高い。

特にオリジナル楽曲やライブパフォーマンスの振付を担当する七五三掛龍也、吉澤閑也、そしてリーダー宮近海斗の3人は――

『俺はいつも「チャカやシメよりも斬新な振りを付けたい」――って考えている。

最近は俺たちだけじゃなくウミやノエルも振りのアイデアを出してくれるけど、

誰が来たって負けたくない。

その気持ちを失くしたら俺は「終わり」だと思うし、きっとみんな同じ想いだよ』〈吉澤閑也〉

いい意味でのライバル心をいつも持ち合わせ、まさに〝切磋琢磨〟を地でいく関係性だったのだ。

それでいてお互いを認め合う仲の良さもTravis Japanのセールスポイント。

普通は7人しかいないメンバー同士がバチバチにやり合うと雰囲気は悪くなるもの。

『俺たちには決め事があって、
「お互いの自己主張やパフォーマンスに対する指摘は〝リハーサルまでにしよう〟」
——と話し合って決めたんです。
本番は楽しむこと、そして本番が終わったらその仕事のことはリセットする。
その代わりレッスンやリハーサルまでは、
お互いに遠慮せずにガンガンに指摘したり言い争ったりしてますよ。
前にスタッフさんに「怖い」と言われたほどに（笑）』

メンバーで決めた〝Travis Japanルール〟を説明する吉澤閑也。
レッスンやリハーサルまでにお互いの考えをすべて吐き出し、そしてぶつけ合う。
振付の細かい修正や立ち位置のズレを修正し、メンバー全員が強い共通認識を持つ。
そうすることにより、『本番を楽しんで』より良いパフォーマンスに繋げてきたのだ。

『これはもうTravis Japanのやり方だから、他のグループにお勧めすることはできない（苦笑）。
俺たちはお互いの実力も細かいところまで把握しているから、
メンバー同士のパフォーマンスへの信頼感は、他のグループよりも絶対に強い。
自分たちのパフォーマンスに納得がいかなかったりするのも、
自分のパフォーマンスがメンバーに認めてもらえるかどうか、
その自信があるときはいいけど、ないときはしつこいぐらいに練習する。
めちゃめちゃ大変なグループにいると思うけど、だからTravis Japanは面白いし楽しい。
俺だけじゃなく、みんなそう思っていると思うけど』

また周囲から絶賛されればされるほど、メンバーはそれぞれダンスに関する葛藤を抱えていたとも明かす吉澤閑也。


『正直さ、俺たちは人間じゃん。

人間のやることに100％完璧なんてめったにあるもんじゃない。

それぞれが今の自分に――

「人に見せられるレベルじゃない。今のままじゃお金はもらえないし」

――と思っていたことはあるし、だからこそ努力するんだけどね』

リーダー・宮近海斗は言う——。

『ダンスが俺たちの武器なのは間違いない。

だってジャニーさんがそう言ってくれたから、そうしていきたい。

〝上手くなりたい〟とか言葉では簡単に言えるけど、それを見せつけるのは難しいし、苦しい。

ダンスが上手い人になれるかどうか、俺たちは流した汗と練習量で証明するしかない』

また吉澤閑也についても——

『もうTravis Japanで10年以上やってるくせに、

たまに変なところで自信を失くすんですよ。

シズの性格上、目に見える結果が出ないと自信が持てないタイプなので。

でも結果はいつも、目一杯出してくれてますよ』

——と吉澤をフォロー。

『俺やメンバーがシズを理解してフォローしなきゃ、誰がアイツの味方になるんですか。

もちろん俺の味方にもなってもらってますけどね』

——と、リーダーらしいセリフを残してくれた。

メンバー同士、理解し合いフォローし合う。

そしてメンバー同士が〝味方〟になる。

固い絆と厚い信頼関係で結ばれたＴｒａｖｉｓ Ｊａｐａｎは、ここからさらに世界へと羽ばたいていくに違いない――。

吉澤閑也 フレーズ

『自分の弱さを知っているからこそ強くなれる。
――そういうトコない？』

まさに〝ザ・縁の下の力持ち〟タイプの吉澤閑也は、自分の弱さに真正面から立ち向かうことであらゆる困難を克服してきたのだ。

『希望や可能性は、チャレンジしている人間だけが持てる特権』

実はほとんど〝同期がいない〟吉澤閑也は、誰かと競い合う、良いライバルがなかなかいなかったからこそ、逆にノビノビと希望や可能性の幅を広げてきたという。

『一つ一つが小さいからこそ、将来は大きな差になる』

日々の努力、目に見える差が小さくても、それこそ〝ちりも積もれば山となる〟を将来知ることになるのが芸能界。

6th Chapter

松田元太

Genta Matsuda

目指せ！ ラブコメのプリンス

Travis Japan留学直前の2022年2月に公開されたのが、松田元太が映画初出演ながらヒロイン役の福本莉子とW出演を務めた映画『君が落とした青空』だ。

『クランクイン前にYuki Saito監督にいろいろと疑問をぶつけたんだよね。

まずタイトルを略して〝あおキュン〟って言われたんだけど、

〝君青〟ならわかるけど〝キュン〟はどこにあるのか？

あと俺は福本莉子さん演じる実結の彼氏で交通事故に遭う修弥の役なんだけど、タイムリープというか結局〝夢オチ〟みたいな話なら、ずっと変わらない役というか、修弥の時間は全然進んでいない役というか、どんな気持ちで臨めばいいのか？

そしてなぜ監督は〝Yuki Saito（ゆうき さいとう）〟なのか？

……を監督と話し合ったんです』〈松田元太〉

いつもおふざけ大好きでチャラチャラしているように見せて、根は体育会系で真面目な松田元太。
ちなみに監督は高校卒業後にアメリカに渡り、そこで監督修行を詰んだから（アルファベット表記）なのだとか。

『……というか、もしこれがチャカの立場なら、
これまでの演技経験で自分なりの演技プランを立てられたと思うんですけど、
俺はテレビドラマも『お兄ちゃん、ガチャ』（日本テレビ系）や『監察医 朝顔』のゲスト出演や、
WOWOWさんの『だから殺せなかった』は結構出てはいたけど、
主役の玉木宏さんやお父さん役の萩原聖人さんに引っ張ってもらっただけ。
正直、自分で0から演技プランを立てられるレベルにいない』

――と、謙虚に自己分析をする松田元太。

しかしその一方――

『福本さんの実結は何度も修弥を助けようとする役だから、そのタイムリープごとに演技が変わるじゃない？「助けられる側の俺はずっと同じでいいのか？」……って考えると、絶対にそうじゃない勘が働くんだよね。

きっと〝月9〟俳優の経験が活かされているんだと思うけど（笑）』

――などと、たった1話の『監察医 朝顔』のゲスト出演で、自分を〝月9俳優〟だと主張する（？）自信も。

『そこは1話だろうと全話だろうと、主役だろうと脇役だろうと、月9に出演した〝事実〟が物語ることだから（笑）』

映画の原作は某小説アプリにケータイ小説として公開され、2年間の閲覧数が600万回を超えた『君が落とした青空』。

『原作は「切ない小説ランキング」の第1位に輝いたこともあって、確かに切ないラブストーリーだった。
チャカにアドバイスを聞いてみたら、
「〝切ない〟と〝悲しい〟は同じようで違う感情だから、注意するとしたらそこの演技分け」――って、
いかにもプロっぽいアドバイスをもらいました』

自ら映画出演のオーディションを受けたわけではなく、製作サイドからのオファーを受けた松田元太。

『最初はマジにドッキリで、向井康二くんとか菊池風磨くんが仕掛人で登場すると思いました。
オファーはマネージャーさんから事務所に呼び出されて聞いたんですけど、
その最中もずっとカメラを探してましたね。
スマホをイジってる人が近くにいると、〝犯人かも?〟って緊張してました』

最初に連絡を受けた際の状況を明かす松田元太。
呼び出されると同時にスマホには『君が落とした青空』のデータ資料も届いたそうだが、それでも『どこまで手が込んでるの?』と信じられなかったらしい。

『だってそうじゃん。
俺はまだジャニーズJr.だったし、
同世代にはKing & Princeのメンバーや、
目黒蓮くん、ラウール、なにわ男子のメンバーもいる。
福本さんは『あおキュン』を撮った後、
ドラマで目黒くんとミッチー、
映画でミッチーと共演していたぐらいだから、
順番が逆なら俺に声がかからなかったかもしれない』

今度はまた謙虚に戻ってそう話す松田元太。
〝ドッキリ〟じゃなくて本当によかったよね。

『でもドッキリじゃなくて本当に嬉しかったし、
俺も学生服やブレザーが〝コスプレ〟って言われないうちにもっと映画に出たい。

滝沢くんがまだジャニーズアイランドの社長さんだった頃にも電話させていただいたんです。

……というか、

『やばいです。ちょっとわからなくなってきました』――って泣き言ですけど（笑）。

そのときも「もし何かトラブルが起きたら俺が皆さんに頭を下げる。

だからお前は思うように自由にやれ」――と仰ってくださって、
力みや肩の荷がスーッと消えました』

映画出演を通して将来の糧となる貴重な経験を得た松田元太。

松田にはこの先ラブストーリー（ラブコメ）のプリンスを目指して欲しい。

松田元太が繰り出す〝めげないトーク〟

『収録から帰ってくるなり、いきなり元太が『俺、松ちゃんにハマって来た!』――って言うんです。話を聞くと『酒のツマミになる話』で大爆笑をかっさらい、ダウンタウン・松本さんや千鳥・大悟さんにハマって来た……と。オンエア見たら逆にまったくハマってなかったですけどね(笑)』〈宮近海斗〉

デビュー直後、2022年12月2日にオンエアされた『人志松本の酒のツマミになる話』(フジテレビ系)にTravis Japanから単独出演し、その収録後、メンバーのもとに戻ると大見得を切っていた松田元太。

しかし見方によっては「スベりまくることでイジられキャラとしてハマっていた」ともいえるので、決して間違いではない。

『ウチはシメがダウンタウン・浜田さんの番組(『トリニクって何の肉!?』)によく出ていたから、コネとしてはゲンタが本当に松本さんにハマってくれていたら最強なんだけどね』〈宮近海斗〉

さて単独で『人志松本の酒のツマミになる話』に出演した松田元太だったが、皆さんも勘づいていらっしゃる通り、あの番組は『人志松本のすべらない話』の公開オーディション的な意味合いを持っている。

「本家『すべらない話』は映像作品化される人気コンテンツですが、出演者の大半が松本人志周辺の吉本芸人のため、数年前から映像作品の売上げ、視聴率も芳しくありません。そこで新しい血(出演者)を入れるため、試験的に〝すべらない話〟を披露させる番組が欲しかった。視聴者の多くは〝『酒のツマミになる話』は『すべらない話』から派生した類似番組〟の意識で見ていると思いますが、制作者サイドは〝『すべらない話』に連れていけるニューヒーロー〟を探しているのです」（人気放送作家）

なるほど。ならば松田元太が本当に松本人志にハマれば、『すべらない話』の出演者の一人として、錚々たるメンバーの中で「妹が中島健人にハマって兄としては複雑」などの話を披露することになるかも。

『番組でも話してカットされてなかったんですけど、
本音で言えば松本さんとは関わらないで生きていきたい（笑）。
だって笑いに厳しいし怖いじゃないですか？
でもそれと同時にそんな松本さんに〝面白い〟と言ってもらえれば、
俺は世間的にも〝面白い人〟ってレッテルを貼ってもらえる』
〝レッテル〟は悪評のことだから、ここでは使い方が間違ってる（笑）。
それはそれとして、松田には〝やる気〟だけはありそうだ。
『ブッキングされたとき、松本さん以外の共演者の方々が、
板野友美さん、オードリー・春日俊彰さん、ミッツ・マングローブさん、
そして千鳥さんがアシスタントMCって聞いて、
チャンスだと思ったんです。
マネージャーさんからも、
「このメンバーならそんなに怖くない。
元太が一番、松本さんや千鳥さんにハマる」って言われていて、
自信を持って出演したんです』

そんな松田だったが、松本人志からは『オモロないなぁ』の連発を食らう。

以前『ダウンタウンDX』(日本テレビ系)で松本と初共演した際、収録中に――

『お前、めちゃくちゃ話つまんねぇな~』

――と言われたトラウマが甦りそうになったと明かす。

『でもその自虐話が松本さんと千鳥さん、それから共演者の皆さんにウケたので、やっぱり〝アイドルの自虐ネタ〟は鉄板の一つだと思いました』

そんな気づかなくていいことに気づいたおかげで、松田はその後の『さんま御殿』や『ダウンタウンDX』の出演でも自虐ネタを連発。

しかしアイドルの自虐ネタは「昔からテレビ界では〝ウケるための作りネタ〟と見られかねない」(前出人気放送作家)ことを知らず、思ったよりもウケなかったことで悩みまくったらしい。

『そうしたら『ダウンタウンDX』収録後半の休憩で前室スペースにいたら、ダウンタウン浜田さんが――

「自分、好きに喋りや。松本、気に入ってるからツッコミ厳しいねん」

――って励ましてくださったんです』

そのひと言で『今までの苦労が全部吹き飛んだ』と笑う松田元太。

『松本さんに本当にハマるのはこれから』と言いつつも――

『さんまさんや松本さん、大物芸人さんのトーク番組に苦手意識があったけど、
でも浜田さんに「好きに喋りや」と認められたことで、
トークにめげない強さも身につけたいと思ったんです。
俺は典型的な〝褒められて伸びる子〟だから』

浜田雅功のひと言で勇気づけられた松田元太。
これからも、めげないトークでバラエティ番組の〝ニューヒーロー〟を目指して欲しい。

明石家さんまが認めた松田元太の〝瞬発力〟

さてＴｒａｖｉｓ Ｊａｐａｎのテレビ番組出演ラッシュの中で、松田元太が――

『どの番組も〝とっておき〟のエピソードと一緒に乗り込んだけど、
個人的には〝一番ウケそうな感触〟を持って乗り込んだ』

――とネタバラシをするのが、２０２２年12月20日に放送された『踊る！さんま御殿!!』３時間スペシャル（日本テレビ系）だった。

『スペシャルだからトークテーマが分かれていて、
俺とチャカは「今年話題の有名人」ゾーンに呼ばれて、
ジャニーズ初の全世界配信デビューを思いっきり宣伝しながら、
ロス留学中の生活やオーディションについて話させてもらったんだ』

それだけでは松田が『一番ウケそう』な確信を得たエピソードがどのエピソードを指しているのかわからないが——

『あの番組は松本さんの『酒のツマミになる話』と違って、ネタを披露する、つまり〝さんまさんに指名される〟順番も事前に決まってるんです。だから事前アンケート勝負で、アンケートを提出した後、マネージャーさんに番組から連絡が来て、どのエピソードを取り上げるのかを知らさせる。だから俺らはそのアンケートに書いた内容を〝いかに膨らませるか〟が腕の見せ所なんです』

ちょっとテレビ番組の裏側を垣間見た感じだが、番組から出演者に事前アンケートが送られるのは、トーク番組や〝MCトークがある音楽番組〟ではごく当たり前のことらしい。

そこで番組側から「ぜひこのエピソードを!」と指定されたのが、松田元太が英語の発音に苦労して、マスターするまで舌を噛み続けて〝帰国した後も口内炎が治らなかった〟というエピソード。

しかも誰もが中学英語の授業で苦戦する「th(tとhと2つの文字を用いて表し、発音記号では〔θ〕や〔d〕と表す)」だった。

『番組のスタッフさんには「みんな共感できる話だから面白い」って言われたんですけど、
そこで俺、〝口内炎じゃ弱いかな〜〟って思っちゃったんですよ』

エピソードが〝強い〟とか〝弱い〟の判断ではなく、ありのままでウケればそれでいいに越したことはないのに、バラエティ慣れ、トーク番組慣れしてきていた松田元太は、少しアレンジを加えることにしたのだ。

『実際、舌を噛みまくって苦労したし、その傷がもとでずっと口内炎だった。
でもそこで「単にthで終わる言葉だけじゃなく、
頭にthが付く「three」とか「there」もあるから、
舌を噛みすぎて血まみれになったオチにしよう。
事前にチャカにも話を通して協力してもらおう!」――って決意したんです』

ところがいざスタジオで披露すると、出演者も観客もざわめくほどのドン引き。

見かねた宮近が――

『彼は噛むのが強すぎて。
これは本当に血が出るだろうって感じなので見てください』

――と助け船を出す。

ところがそこで松田が舌を挟んで『ｔｈａｎｋ ｙｏｕ』と発音すると、出演者からは「舌を出すのが目的になってる」とツッコまれまくったのだ。

「出演者から〝この人誰?〟とさんまさんを振られると、アドリブで『（ｔｈの発音で）さんまさん』と返し、そこはスタジオでも爆笑でした。また収録が終わった後、明石家さんまから『ええ瞬発力しとる』――と、その部分は褒められたそうです」（人気バラエティ作家）

当初狙っていた思惑とは違ったが、明石家さんまから褒められたことで、結果的には自信を深めた松田元太だった。

松田元太の〝2023年大暴露大会〟

2022年12月に入ってから連日のように音楽番組やバラエティ番組に出演したTravis Japan。

『とにかくロス留学のお土産話がめちゃめちゃあるからね。
俺は単独やマチュと組んだりしてトーク番組に出させてもらったけど、
まだストックの5分の1ぐらいしか出してない』

お土産話の中には『俺判断で出していいかどうかわからない話もある』と語る松田元太だが、リーダーの宮近海斗と出演したラジオ番組（文化放送『レコメン！』）で宮近が『自分がしていいかどうか』迷っていた話に斬り込んだことで、『もうNGはなくなったのかも』と感じ、『2023年はめっちゃ暴露話をしたい』と意気込んでいるようだ。

「宮近くんが話してくれたのはロス留学中のシェアハウス生活についてです。僕らがメンバーからオフレコで聞いている〝夜遊びネタ〟とか、松田くんは面白おかしく喋ろうとしているのかも。でもそれは引き続きNGだと思いますよ（笑）」（番組スタッフ）

宮近が話したエピソードは、主に『留学中は一軒の家をシェアして暮らしていた』話で、特に4部屋を2人部屋×3、1人部屋×1に振り分け、ローテーションで使っていたエピソードだった。

宮近は――

『新たな関係性とかを構築できる機会でもあるし、部屋割りは定期的に回していった』

――と、当初は旅行気分で胸を弾ませていたことを告白。

しかし――

『成人になった仕事仲間といえども、いつも同じ顔が集まるとストレスが溜まって衝突も増えた』

――などと、共同生活ゆえのトラブルに何度も直面したことを明かした。

『チャカもそこまで言ったんだから、具体的に誰と誰がケンカして部屋割りを変えたとか、もっとツッコんで言えば盛り上がったのに。
それを結局は「メンバーをめちゃめちゃ知れた7ヶ月間でした」とか綺麗にまとめるから、俺は言いたいことを言えなかった（苦笑）』

『ロスの生活の中で〝空気の読み方〟も学んだ』と明かすように、余計な口は挟まなかったと振り返る。

松田は、シェアハウス生活のエピソードとして――

『最初のほうはみんなで自炊してたりしたんです。
ロスのスーパーはみんなコス○コレベルでデカいから、買い出しも楽しかったし。
ノエルがお鍋とかカレーをサッと作ってくれて、
まるで〝Travis Japanのお母さん〟でした』

――などと明かしている。

またロスではダンスレッスンと並行して語学学校にも通っていたので、宮近も松田も『途中から外食が増えた』と振り返った。

『本当はそこで夜遊びの話もしたかったんですよ。
だってメンバー全員（※アメリカで飲酒ができる）21才以上だったんですから』

――と、明らかにまだまだ〝面白エピソード〟を隠し持っている雰囲気だったと番組スタッフ氏は言う。

『2023年はめっちゃ暴露話をしたい』

まだストックの1／5しか披露していないという松田元太の2023年の〝大暴露大会〟に期待しよう！

松田元太 フレーズ

『あまり深く考えないけど、最低でも自分で決めたことには責任を持ちたい』

本文中でも触れているが、ダウンタウン・松本人志にハマりつつある〝天然〟ぶりが話題の松田元太。しかし単なる天然に終わらず、胸を張れる責任感の持ち主。

『暴力的な意味じゃないけど、
たとえば〝眼鏡をかけている人を殴るなら先に眼鏡を外してもらう〟
――そういうのが〝先を読む〟力なんじゃないかな。
……えっ、違う?』

全然違うと思うけど、もしかしたら〝そうじゃないか〟と思わせてしまうのが松田元太の魅力の一つかもしれない。

『「変わってる」は俺には褒め言葉。
だって〝オリジナル〟だもん』

松田元太の素が偽りのない〝天然〟なのは、それこそが松田元太の〝オリジナル〟だからだ。

7th Chapter

松倉海斗

Kaito Matsukura

松松コンビが体験した〝バラエティ番組の真骨頂〟

Ｔｒａｖｉｓ Ｊａｐａｎの松倉海斗と松田元太が揃って出演した、読売テレビ・日本テレビ系バラエティ番組『ダウンタウンＤＸ』。

『前室でゲンタが「俺は松本さんにハマっているから大丈夫」――なんて言うから、逆に暴走しないか出番前からヒヤヒヤした（笑）』〈松倉海斗〉

ハマっていたかどうかのエピソードは松田元太の章でお話ししているが（……決してハマってはない!?）、今回は「もうすぐクリスマス！ ７人のモテたい男達ＳＰ」のテーマで登場。

〝まだまだモテたい芸能人チーム〟のメンバーとして、格闘家の皇治、ぺこぱ・シュウペイ、武井壮、ＭＹ ＦＩＲＳＴ ＳＴＯＲＹ・Ｈｉｒｏ、ＦＵＪＩＷＡＲＡ・藤本敏史（フジモン）らと出演。女性ゲストも元乃木坂46・新内眞衣、３時のヒロイン・福田麻貴がトークゲストとして加わった。

ここでご説明しておくと、松倉によると、ファンの皆さんに応援していただいたり、声援をかけていただくことは『厳密に言って、一般的な〝モテる〟とは違う』そうだ。

『ファンの皆さんは、それがメンバーそれぞれの担当でもグループ箱推しでも、
俺たちと一緒に階段を駆け上がる同志でありファミリー。
そりゃあガチ恋の方もいらっしゃるだろうけど、
アイドルとしてのTravis Japan、メンバー個々が入口じゃない？
そうじゃなく〝モテる〟っていうのは、〝一人の男〟として惚れられること』
――そう説明する松倉海斗だが、要するにもっと「キャーキャー」言われたいってことかな？
『100％正解じゃないけど、間違ってもいないかな（笑）』

そんな松倉海斗の隣で松田元太は、お気に入りの〝ヴィンテージ古着〟でファッションセンスをアピール。

『顔の周りのビジュアルを良くしたい』

――と、ピアスにこだわっていることもアピールした。

『俺ももっと前に出なきゃいけなかったんだけど、あそこは〝ゲンタのターン〟だと思って一歩引いたんだ。やっぱり〝松松コンビ〟はチームプレイだから』

さらに松田は松本人志に〝ハマっている〟自信からか——

『僕ら2人は松田と松倉でファンの方から〝松松〟コンビと呼ばれているんです。松本人志さんも僕らと同じ金髪で〝松〟もつくから、お揃いのピアスをつけて欲しいです』

——と願うと、松本は「つけるつける」とボケで返してくれた。

そんな松本に浜田雅功が「オレに穴を開けさせて」と迫ると、さらに松田は——

『ピアスを開ける道具を買ってきました！』

——と、本気で話を進めようとする。

『ダウンタウンさんを生で見て〝スゴいな〟と思うのが、あの展開力ですよね。

松本さんがボケること前提で、浜田さんもノリツッコミみたいなパターンでボケを重ねる。

そして松本さんが――

「ええわアホ! 何で還暦(60才)前にピアスつけなあかんねん!!」

――と強目にツッコんで普通は終わらせるところ、
ZOOM観覧のお客さん100人に松本さんのピアスが「アリかナシか」のアンケートを取る。

あの時点でみんな〝(アリになるんだろうな)〟と予測してるし、
松本さんも次のツッコミ先を俺とゲンタに絞ってて、

「俺が耳にピアス開けたら、お前らなんかしてくれるんやろうな!?」――と展開する。

まだ俺たちにはそこから先に転がす力はなかったけど、
バラエティ番組の真骨頂を体験できたことは本当に貴重だった』

――そう言って大真面目に分析する松倉海斗。

松倉海斗本人は——

『本番でＫｉｎＫｉ Ｋｉｄｓさんの『愛のかたまり』を弾き語りで歌えたし、自分としてはやれることをやれた』

——と、満足そうに『ダウンタウンＤＸ』の収録を振り返る。

ただし……

『ゲンタは松本さんにそこまでハマってなかった』

——ことが残念だったようだけど（笑）。

東山先輩からの〝無茶ブリ〝

2022年12月19日に放送された『帰れマンデー見っけ隊!!』3時間スペシャルに出演した松倉海斗。

『ジャニーズの先輩たちがたくさん〝バス旅〟で秘境の名店を探し歩いてるけど、
あれは本当に辛いらしいね。
田中樹くんや高地優吾くんに話を聞いたことがあるんだけど、
「あの番組とナイナイさんの『ゴチ』だけは本当にガチだから、
オファーが来ても断ったほうがいい」――って聞かされていたんですよ。
でも俺に仕事の選択権はなくて、
決まってからじゃないとマネージャーさんが教えてくれない（苦笑）。
だから最初「今度『帰れマンデー』出るから」って聞かされた瞬間、
めっちゃ憂鬱になりました（笑）』〈松倉海斗〉

しかしよくよく聞いてみたらサンドウィッチマンさんの〝バス旅〟ではなく、タカアンドトシさんの「激うま町中華で人気1位メニューを当てる旅」で、ホッと胸を撫で下ろしたそうだ。

『そりゃあ胸を撫で下ろすでしょ！

しかも町中華も浅草の町中華で、「こんな都内の立地条件でいいのかよ？」と思いましたね。

バリバリのゴールデン（タイムの番組）に出られるのに超ラッキー！

収録には東山紀之さんも一緒だったんですけど、

東山さんは逆に「バス乗らないの？　秘境行かないの？」――って残念そうでしたけど。

途中で企画がバス旅にならないかヒヤヒヤしました。

だって東山さん、ロケ車で移動しているときもずっと窓の外のバスを眺めながら、

「乗りたいのにな～」ってぼやいてましたから（笑）』

番組MCのタカアンドトシさんにジャニーズの大先輩でもある東山紀之さん、そして高田純次さん、おいでやす小田さんが揃い、松倉海斗はロケが始まる時点では『めっちゃ楽しそうな収録』と、撫で下ろした胸が弾んだという。

昭和レトロな町中華が50軒以上もある浅草で、地元民がおすすめする町中華トップ5を巡り、それぞれの店で1位メニューを当てる企画。さすがに町中華の名店が揃うだけあって魅力的なメニューばかりだったが、そんな中のある店でいきなり東山の推理が炸裂する。

『東山さんがいきなり――

「このお店は店内にティッシュが多く置いてあるんですけど、ということは食べて汗をかくメニューが人気に違いない」――って言い出したんです。

その瞬間、東山さんが〝麻婆系〟を推してることはすぐにわかったんですけど、大先輩だけに大袈裟に推理を褒めなきゃならないのが俺の役割。

高田純次さんやおいでやす小田さんは、明らかに「ティッシュ〜？」って顔してましたけどね（笑）』

この日のロケではティッシュに留まらず、客層や立地から人気メニューを絞るなど、いつになく饒舌な東山紀之。

しかし東山が乗れば乗るほど、松倉の胸中には一抹の不安が……。

『東山さんがノリノリになるにしたがって、俺はもう悪い予感しかしませんでしたよ（苦笑）。いきなり「松倉はアメリカに行ってましたから、英語で食レポができると思います」――って、〝英語食レポ〟を無茶ブリされることになろうとは……。でも俺もちゃんと落としどころはわかってるから、マトモに英語で食レポする部分と英語で遊ぶ部分は分けてましたけどね』

分けるどころか、1対9ぐらいの割合で英語食レポになってなかったけどね（笑）。

『ガチでいきなり振られたからね。せめてロケ車の中で「英語食レポいくぞ」ぐらいの指令を出しておいて欲しかった。……でも相手が東山さんじゃ何の文句も言えないけど』

それはきっと東山先輩からの思いやりでは？

有望な後輩に「バラエティ経験値をつけさせてあげたい」「松倉なら何とかしてくれる」期待を込めての無茶ブリだったんじゃないのかな。

松倉海斗が披露する〝モーニングルーティン〟

松倉海斗と松田元太の松松コンビが、はごろもフーズ『朝からフルーツ』の広告キャラクターに就任。
ウェブ動画「朝からフルーツでモーニングルーティン『簡単レシピ』篇」に松田元太、「『映えレシピ』篇」に松倉海斗が出演。レシピ動画にはファンならずとも注目が集まっている。

『寝坊して時間に追われてもパッとできる簡単レシピがあればありがたいし、
少し時間に余裕があってゆったりとした朝には、あえてひと手間を加える映えレシピもいい。
どんな朝にも使いやすい〝朝からフルーツ〟の商品レシピを、
モーニングルーティンとしてゲンタと俺が解説するウェブ動画。
あの動画が公開されてから半年経つけど、
一説によるとゲンタと俺には一人暮らしのOLさんのファンが増えたらしいよ（笑）』〈松倉海斗〉

どこの〝一説〟かは知らないが（笑）、でもはごろもフーズさんや広告代理店は、商品購買層のメインターゲットを一人暮らしOLに定めていることは明らか。松倉海斗と松田元太はスポンサーサイドの目論みに見事に応えているといえよう。

『ゲンタと俺の影響力が本当はどこまであるのか知らないけど、スポンサーさんの狙いが見事にハマったと感謝されるのは嬉しいし、俺のタレントとしての存在価値みたいなものが認められたのは素直に嬉しい』

これまで松倉海斗は、Travis Japanの一員としてサントリー『オランジーナ100』WEB広告、銀のさら『20周年アンバサダー』CM・グッズ展開、オンワード樫山『ANEVER』コンセプトムービー出演、ロゼット『洗顔パスタ』テレビCM・渋谷駅広告ポスター・ポップアップストア展開などで広告の仕事にも携わってきたが、今回のはごろもフーズ『映えレシピ』篇ウェブ動画が、事実上、個人でオファーを受けた初めての広告仕事だったのだ。

『もちろんゲンタとニコイチのオファーだろうけど、それでも嬉しいに決まってる。
これをきっかけにいろんな企業さんや広告代理店さんからオファーをいただく日が来れば、
最初に俺を使ったはごろもフーズさん、このウェブ動画の価値も高まる。
俺は俺が〝松倉海斗個人〟としても売れていかなきゃ、
Ｔｒａｖｉｓ Ｊａｐａｎに何も持って帰ってこれない気がしてるんだ。
それって俺としたら一番あってはならないこと。
他のメンバーはみんな、個人仕事をグループにフィードバックさせてるのに』

ウェブ動画の『映えレシピ』篇では、ゆったりとした朝にまるで陶酔しているかのような表情で気持ち良さそうにギターを弾いて作詞作曲をしている松倉海斗。

Ｔｒａｖｉｓ Ｊａｐａｎのためにも〝松倉海斗個人として売れたい〟と前向きに取り組んでいる。

『俺の「朝からフルーツ クレープシュゼット風」は、
めちゃめちゃ映えメニューだったでしょ？
それに俺ってもともと自炊もしてるから、
あの程度のひと手間なんてちょちょいのチョイ。
嬉しいのは「あの美味しそうな映えメニューは自分で考えたの？」って、
たまにギョーカイの人に言ってもらえること。
「だって調理するときの手際の良さを見れば、
松倉くんが一から考えていても不思議じゃない」——とかね』

一方の『簡単レシピ』篇では、ファッション好きの松田元太らしい朝のコーディネート風景など、
リアルなモーニングルーティンを披露している。
「朝からフルーツボウル」の手軽さを、健康的に食べる爽やかな松田の姿とともに映し出している。

『ホームページに飛んでくれた人は知ってると思うけど、
ウェブ動画以外にもメイキングやインタビューも公開されているからさ。
メイキングの寝起きシーンや調理シーン、
松松コンビの撮影オフショットも収録されているからね。
インタビューではそれぞれのレシピのおすすめポイントや撮影秘話を話しているから、
まだ見てない人はぜひ、モーニングルーティンのために見て欲しいな』

このCMをきっかけに、これからますます〝松倉海斗個人〟としての広告オファーが舞い込んでくるに違いない。

〝世界で活躍できるアーティスト〟目指して！

ロサンゼルス留学中、アメリカの人気オーディション番組『America's Got Talent』に出演し、その実力を見せつけて準決勝まで進んだTravis Japan。

「ファンの皆さんにはお馴染みなのでしょうが、日本のテレビ界で仕事をしている放送作家の私にとっては、すでにデビュー前から複数のオリジナル曲を持っていて、そのオリジナル曲の一つ『My Dreamy Hollywood（夢のハリウッド）』でパフォーマンスをして準決勝まで勝ち抜くなど、ひと言で言えば〝時代が変わったな～〟の印象しかありません。これからはまさに〝世界で通用するアイドルグループ〟が日本から羽ばたいていく時代でしょう」

数々のヒット番組を生み出し、90年代にSMAP、TOKIO、V6らが日本のバラエティ界を席巻していた頃から第一線で活躍する人気放送作家氏は、やや大袈裟に聞こえる感想を口にした。

しかしこの人気放送作家氏のセリフは、50代以降のTVマンの本音だろう。

『当たり前だけどダンス留学しに来たんだから、
留学中は平日ほぼ毎日レッスンを受けていたし、
「先生や周りのダンサーさんたちのテクニックや表現力を、
どう盗んだら自分のものにできるか?」
家に帰ってからも日々夜遅くまで研究していました。
想像以上に周りのレベルは高いし、ちょっと日本でおだてられすぎていたというか、
ダンサーさんたちのテクニックに圧倒されて落ち込んでばかりでしたね』〈松倉海斗〉

それは松倉に限らず、他のメンバーたちも――

『とにかく毎日が無我夢中。
「何かを吸収したい」「進化したい」っていう強い気持ちはあっても、
どれくらい成長しているのかは自分ではなかなか計れない。
それがもどかしくもあり、「進化できた!」と掴めたときが楽しみでもありました』〈松田元太〉

――などと明かす。

『でもだからといってレッスン漬け一色だと体にも悪いので(笑)、何とか時間を作ってゲンタとダウンタウンの古着屋巡りをしたり、デッカいロブスターやクラブ（蟹）を腹一杯食べたりして、太陽の下で健康的にストレスを発散していました。……まあ、一度も夜遊びしてないとも言いませんけど(笑)』

――と話す松倉海斗。

さすが〝松松コンビ〟はロサンゼルスでも一緒に行動することが多かったそうで、しかも――

『2人とも英会話とか全然ダメなくせに、ロスのダウンタウンをずんずん歩いてた(笑)。ゲンタと俺が似てるのは、あまり後先考えずに前にずんずん進むところ。年上のシズやシメのほうが、そういったところは慎重すぎるぐらい。まあ、あの2人は純日本人フェイスだからね。俺やゲンタはグローバル仕様(笑)』

そんな冗談を言ってないで、ちゃんとパフォーマンス力の向上はもちろんのこと、〝プロ意識の改革〟も行えたんだろうね?

『今でも忘れずに胸に刻んでいるのは、
2015年から5年連続で光一くんの舞台『Endless SHOCK』チームに加えてもらえて、
それから〝表現者〟であることを強く意識するようになったんですよ。
光一くんや演者さん、ダンサーさんたちが生み出す世界は、
ただキャストを演じているだけじゃなく、魂で演じていることを背中で教えてくれたんです。
あのときの自分、そこで感じた気持ちは絶対に裏切らない。
だからどんなときでも、プロ意識の向上を心掛けています』

そして松倉は、メンバーに対する〝尊敬心〟を忘れないそうだ。

『たとえばゲンタはJr.の後輩ではあるけど、
アイツは歌も芝居もとにかく何に対しても器用で、
先生のダンスを真似して自分の体に落とし込むところも凄い!
そんなゲンタを尊敬しないはずがないし、
俺は何でもコツコツと丁寧に努力することしかできないから、
正反対だからこそ仲が良いんだと思う』

――と自分なりに分析する。

『自分たちがアメリカで挑戦してデビューに繋がったことは、
ジャニーズの長い歴史の中でジャニーさんが常に意識していた夢。
〝世界で活躍できるアーティスト〟の入口に立てたような感覚。
後はその入口のドアを開け、
メンバー7人でその先の世界に飛び込むだけ』

Travis Japanを代表してメンバー全員の熱い想いと決意を語った松倉海斗。

必ずなって欲しい！

ジャニーズからの世界進出、その『第一人者』に――。

松倉海斗 フレーズ

『炭酸がキツくて飲み辛くても、しばらく置いておけば飲みやすくなる。
俺は背伸びするより、時が来るまで待つタイプの人』

「鳴かぬなら鳴くまで待とう時鳥」の松倉海斗バージョン？　無理に焦って行動せずに、じっくり機が熟すのを待って行動を起こすのが松倉海斗スタイル。

『人生には正解がないからこそ面白いし、
正解がないことに早く気づかなきゃいけない』

人生に正解がないことに気づけば、「逆に迷いがなくなる。やってみなきゃ正解かどうかなんてわからないから」——と語る松倉海斗。

『今、〝トラヴィスの歴史〟は始まったばかり。
どんなストーリーになるかは7人次第』

Jr.歴がどれほどの長さになろうとも、CDデビューから始まるストーリーこそがグループの歴史。果たしてTravis Japanの7人は、どんなストーリーを見せてくれるだろう――。

エピローグ

冒頭のプロローグでもお話ししたが、本来であればTravis Japanはもう少し脚光を浴びてもいいはずだ。

ジャニーズJr.時代から「ジャニーズJr.史上No.1」との呼び声も高かったパフォーマンスは、さすが〝世界のTravis Payen(トラヴィス ペイン)〟のお眼鏡に叶ったことだけのことはある。

これから個々のキャラクターが深掘りされていけば、十二分に魅力的なグループに成長するだろう。

しかし世間の噂では、滝沢秀明・前ジャニーズ事務所副社長と藤島ジュリー景子・ジャニーズ事務所社長の間で繰り広げられた〝故ジャニー喜多川氏の後継者争い〟に巻き込まれ、「デビューはしたものの不遇を囲ってしまうのではないか?」とも噂されている。

これも冒頭でお話ししているが、もともとTravis Japanは故ジャニー喜多川氏の秘蔵っ子でもあり、ジュリー社長と滝沢副社長(当時)の間には「デビュー決定時にかなり意見の相違があった」と言われているからだ。

「2021年1月16日、当時のジャニーズアイランド社長でジャニーズ事務所副社長でもあった滝沢秀明氏は、自身が管轄するジャニーズJr.に事実上の〝定年制度〟を導入することを発表しました。Jr.が満22才になった後の最初の3月31日までに、該当Jr.本人とジャニーズ事務所が話し合い、活動継続について合意に至らない場合はJr.としての活動を終了する契約です。この事実上の定年制度は準備期間を経て2023年3月31日、つまり次の3月末から適用されてしまいます。滝沢氏は自身が決めたこの新ルールに該当するジャニーズJr.ユニットすべてをそれまでにデビューさせようと奮闘したものの、結局はジュリー景子社長のOKがもらえず、Snow Man、SixTONES、Travis Japanの3組しかデビューさせることができなかったのです。それもSnow ManとSixTONESは〝史上初の2組同時デビュー〟と銘打ったものの、ジュリー景子社長は〝どうせ売れないから話題作りを程度の気持ちで。Travis Japanに関しては滝沢氏が主張したCDデビューを最後まで受け付けず、コストパフォーマンスの良い配信デビューにこだわったのです。そこには自分としては〝敗戦処理〟デビューのつもりだったSnow Manが大ブレイクし、その手柄が滝沢秀明氏に取られたことに対する意趣返しというか、意地もあったようです」（日本テレビプロデューサー）

ちなみに〝なにわ男子〟も関西とはいえジャニーズJr.だが、もとよりジュリー景子社長の管轄であり、彼らのデビューと定年制度導入の間には何の関連性や影響力も働いていないそうだ。

念のためにお断りしておけば、プロデューサー氏の話す滝沢秀明氏とジュリー景子社長の間にある〝確執〟がどこまで事実なのかどうか、それは定かではない。

しかしながらTravis Japanに対する世間の扱いが、彼らの実力に比して不当に低いことだけは間違いないだろう。

しかしそれはあくまでも〝現状まで〟の話であり、今後必ずや脚光を浴びる瞬間がやって来るはずだ。

「可哀想なのは該当はするもののデビューできそうもないユニット、Jr.メンバーで、実際に定年制度がどんな結果をもたらすかは、そのときになってみないとわからないのです」（同日本テレビプロデューサー）

誰もが個人として生田斗真や風間俊介のように俳優として活躍できるわけではない。

また定年制度を設けることで、逆に生田や風間のような道を歩むタレントは減ってしまうのでは？

……とも予測されている。

「基本、みんなCDデビューを目標にジャニーズJr.に入ってくるわけで、それが叶わない事務所に23才以降も所属し続けるよりも、可能性を求めて飛び出すメンバーが増えるでしょう。そうなれば当然、次代の生田斗真や風間俊介は生まれません」（同前）

そんな中、当のTravis Japanはブレずに独自路線を歩んでいる。

デビュー後の12月10日、中国・香港のセントラル・ハーバーフロントで開催された大型音楽イベント

UNIKASIA Festival 2022に出演し、デビュー曲『JUST DANCE!』を中心に

全13曲、45分間のパフォーマンスを披露したのだ。

「これで11月11日に行われたシンガポールの音楽イベントに次いで、2ヶ国目の世界行脚になりました。

フェスとはいえ、まだ45分間のパフォーマンスを行えるオリジナル曲は持っていないので、先輩の

SMAPや嵐の楽曲を交え、大喝采のパフォーマンスを魅せてくれました」（同前）

リーダーの宮近海斗は——

『Travis Japanとして〝Japan〟を背負っているので、

自分たちらしさを全力で伝えたい』

——と宣言した。

『今回はフェスですけど、香港は偉大な先輩方が何度も単独コンサートを行っている地。もちろん俺たちもそれに続いて、香港での単独ライブを目指しています。できるようになって、また来たいと思います。来年、2023年は1月28日から初のコンサートツアーも始まるので、みんなで誓ったグラミー賞のステージまで一歩ずつ進んでいきたい』

――力強く語った宮近海斗。

【セットリスト】

M1:夢のHollywood
M2:BIG BANG BOY
M3:The Show
M4:Unique Tigers

M5：Happy Groovy
M6：D．D．
M7：シンデレラガール
M8：Love so sweet
M9：世界に一つだけの花
M10：Namidaの結晶
M11：GET ALIVE
M12：Lock Lock
M13：JUST DANCE！

世間やギョーカイ、芸能界で何と囁かれようと、Travis Japanは自分たちの信じる道を邁進してくれるだろう。
それこそが成功への一本道なのだ――。

〔著者プロフィール〕

西村芽愛莉（にしむら めあり）

民放キー局ディレクターの父、ピアノ演奏家の母を持つ環境に育ち、高校1年生から大学卒業までをアメリカ・ロサンゼルスで過ごす。帰国後、某ファッション誌の編集者を務めるが、両親から受け継いだエンタメの血が騒いで音楽業界へ。ステージ制作の仕事と翻訳業を兼務。音楽誌ライターとして取材及び執筆も担当している。

世界へDANCE！ Travis Japan
—素顔のトラジャ—

2023年1月21日　第1刷発行

著　者……………… 西村芽愛莉
発行者……………… 籠宮啓輔
発行所……………… 太陽出版
〒113-0033 東京都文京区本郷3-43-8-101
電話03-3814-0471／FAX03-3814-2366
http://www.taiyoshuppan.net/

デザイン・装丁… 宮島和幸（ケイエム・ファクトリー）
印刷・製本……… 株式会社シナノパブリッシングプレス

ISBN978-4-86723-121-0

世界へDANCE! TRAViS JAPAN 素顔のトラジャ

◆ 既刊紹介 ◆

なにわ男子
7人のキセキ

御陵誠［著］ ¥1,400円+税

**『“奇跡”って自分が起こすから楽しいんやん。
待ってるだけでも何も起こらへんしな』**〈藤原丈一郎〉

**なにわ男子7人が起こす“キセキ”☆彡
なにわ男子の素顔のエピソード&メッセージ満載！
まるごと1冊☆“なにわ男子”に完全密着!!**

【主な収録エピソード】
・西畑大吾めっちゃドキドキの“生まれて初めての体験”
・大西流星の“仮面を取る”と実は……？
・道枝駿佑の“メンタル”を変えてくれた言葉
・YouTube撮影で怒られた高橋恭平の言い訳
・“オシャレ番長”長尾謙杜の突き詰めていきたい道
・藤原丈一郎がメンバー7人で考える“新しいチャレンジ”
・主演ドラマで“大人になった”はっすん

Snow Man
―9人のキズナ―

池松 紳一郎［著］ ¥1,400円+税

**『自分たちの作品をもっともっと高めていきたい！
これはSnow Man全員が思ってること』**
〈Snow Man〉

**メンバー自身が語る“メッセージ”
側近スタッフが明かす“知られざるエピソード”多数収録!!**

◆ 既刊紹介 ◆

キンプリの“今”“これから”
―真実のKing & Prince―

谷川勇樹［著］ ¥1,400円+税

『自分の決断や行動、したことに後悔はしない。
しようと思ってしなかったこと、できなかったことは後悔するけど』〈平野紫耀〉

『これから先、俺は俺の選んだ道の上で
新しい人生や運命に出会うかもしれない。
少なくともそう信じてる』〈岸優太〉

『“勝てないなら走り出さない”
――そういう選択肢は俺にはなかった』〈神宮寺勇太〉

～メンバー自身の「本音」&側近スタッフが教える「真相」の数々を独占収録!!
“真実の King & Prince”がここに!! ～

【主な収録エピソード】

・脱退メンバー３人と岩橋玄樹の本当の関係
・岩橋玄樹とメンバーとの“真の友情”
・滝沢秀明と平野紫耀の間にある“因縁”
・“３人の脱退と退所”――事務所サイドからの見解
・King & Prince がデビュー以来直面した“確執”と“葛藤”
・平野紫耀自身が語った“縦読み騒動”の真相
・本音を語った永瀬廉の“正直な想い”
・“５人の King & Prince”として叶えた髙橋海人の夢
・新たに浮上してきた岸優太脱退後の“行先”
・“５人でいる時間を大切にしたい”―― 神宮寺勇太が語った本音

太陽出版

〒113 -0033
東京都文京区本郷3-43-8-101
TEL 03-3814-0471
FAX 03-3814-2366
http://www.taiyoshuppan.net/

◎お申し込みは……
お近くの書店にお申し込み下さい。
直送をご希望の場合は、直接小社宛にお申し込み下さい。
ＦＡＸまたはホームページでもお受けします。